첫 번 째
뜨 개 가 방

첫 번째 뜨개 가방

2019년 8월 12일 1판 1쇄 발행
2020년 4월 20일 1판 2쇄 발행

지은이 김성미(아포코팡파레)
펴낸이 이상훈
펴낸곳 책밥
주소 03986 서울시 마포구 동교로23길 116 3층
전화 번호 070-7882-2400
팩스 번호 02-335-6702
홈페이지 www.bookisbab.co.kr
등록 2007.1.31. 제313-2007-126호

기획·진행 권경자
디자인 프롬디자인
사진 나정주 김성미

ISBN 979-11-86925-90-4 (13630)
정가 17,800원

ⓒ 김성미, 2019

이 책은 저작권법에 따라 보호받는 저작물이므로 무단전재와 무단복제를 금합니다. 이 책 내용의 전부 또는 일부를 사용하려면 반드시 저작권자와 출판사에 동의를 받아야 합니다.

책밥은 (주)오렌지페이퍼의 출판 브랜드입니다.

이 도서의 국립중앙도서관 출판예정도서목록(CIP)은 서지정보유통지원시스템 홈페이지(http://seoji.nl.go.kr)와 국가자료종합목록시스템(http://kolis-net.nl.go.kr)에서 이용하실 수 있습니다. (CIP제어번호 : CIP2019029652)

FIRST KNIT BAG

첫 번째
뜨개가방

김성미(아포코팡파레) 지음

책밥

프롤로그

'뜨개질은 어떻게 시작하게 되었나요?'

수강생 분들께 가장 많이 받는 질문이에요. 초등학교 담임 선생님께 배운 뜨개질이 재미있어 20년 넘게 취미로 삼다 보니 여기까지 오게 되었습니다. 제 눈에 예뻐 보이는 것을 제 손으로 만들고 싶었고, 하나하나 만들다 보니 자연스럽게 저만의 스타일이 생긴 것 같아요.

그렇게 만든 뜨개 가방의 소소한 팁을 이 책에 담아 함께 공유하고 싶어요. 화려한 디자인보다는 오래 봐도 질리지 않는 베이직한 디자인의 뜨개 가방을 중심으로 모아 봤어요. 2시간이면 완성하는 쉬운 가방에서부터 무한 짧은뜨기를 반복해야 하는 빅 사이즈 가방까지 다양한 뜨개 가방을 경험할 수 있을 거예요. 가방의 소재와 컬러가 여름에 잘 어울리지만 실만 바꾸면 가을, 겨울용 뜨개 가방이 된답니다.

뜨개질이 처음인 분들도 쉽게 따라올 수 있게 만든 책이니 이 책을 보고 꼭 첫 번째 뜨개 가방을 만들기를 바랍니다.

책을 내는 날이 오다니 감개무량합니다. 책 작업이 생각보다 고되어 끝이 보이지 않았는데 그 기간 동안 신경 써 주신 출판사와 편집자님 감사드립니다. 클래스를 찾아 주시고 함께 뜨개를 하며 수다를 떨며, 예쁜 가방 만들어 주신 우리 수강생 분들 정말 감사드려요. 나의 어시스턴트 진아와 나의 파트너 명화 그리고 내 짜증을 다 받아 주는 남편, 감사하고 사랑합니다.

김성미(아포코팡파레) 드림

목차

프롤로그 ··· 004

이 책을 보는 방법 ··· 012

재료와 도구 ··· 014

뜨개 가방을 위한 실 ··· 016

실을 거는 방법 ··· 018

바늘을 잡는 방법 ··· 018

Basic

뜨개 가방을 위한 기초 뜨개법 ··· 022

뜨개 가방 만들기 기법 ··· 034

뜨개 가방을 더 예쁘게 ··· 050

Net bag

플랫 네트백 Plat net bag ··· 054

망고백 Mango bag ··· 064

미니 리본 네트백 Mini ribbon net bag ··· 072

비건 네트백 Vegan net bag ··· 080

원 숄더 네트백 One shoulder net bag ··· 088

베이직 네트백 Basic net bag ··· 098

서클 피시백 Circle fish bag ··· 106

피시백 Fish bag ··· 114

Bucket bag

스트라이프 버킷백 Stripe bucket bag ··· 122

투톤 버킷백 Two tone bucket bag ··· 130

빅 사이즈 투톤 숄더백 Big size two tone shoulder bag ··· 138

마린 버킷백 Marine bucket bag ··· 146

블룸 버킷백 Bloom bucket bag ··· 152

Basket bag

마린 바스켓백 Marine basket bag ⋯ 162
미니 바스켓백 Mini basket bag ⋯ 170
플라워 바스켓백 Flower basket bag ⋯ 178

Point bag

스트라이프 스퀘어백 Stripe square bag ⋯ 186
내추럴 서클백 Natural circle bag ⋯ 194

Together with knit bag

태슬 Tassel ⋯ 202
폼폼 Pompom ⋯ 206
레터링 메달 Lettering medal ⋯ 210
레터링 백 Lettering bag ⋯ 216

피시백 Fish bag

군더더기 없이 심플한 디자인으로 성글게 뜬 가방.
한쪽 어깨에 무심한 듯 툭 올려 두면
거친 모험이 시작될 것 같아요.
가방 모양이 어부의 그물과 닮아서 그런 걸까요?

스트라이프 버킷백 Stripe bucket bag

캐주얼한 무드의 가방 하나를 떠 두면
언제든 들 수 있어요.
가벼운 차림으로 피크닉 갈 때,
설렘 가득 마중 나갈 때,
반려동물과 산책할 때까지.
언제든 들 수 있는 가방이 있다는 사실은
마음을 참 편안하게 만듭니다.

투톤 버킷백 Two tone bucket bag

짧은뜨기로 차곡차곡 쌓아 올린 투톤 버킷백.
한 코 한 코에 집중하며 무거운 고민을 잠시나마 잊어 봅니다.
다른 곳으로 데려가 줄 가방을 찾고 있다면 이 가방이지요.

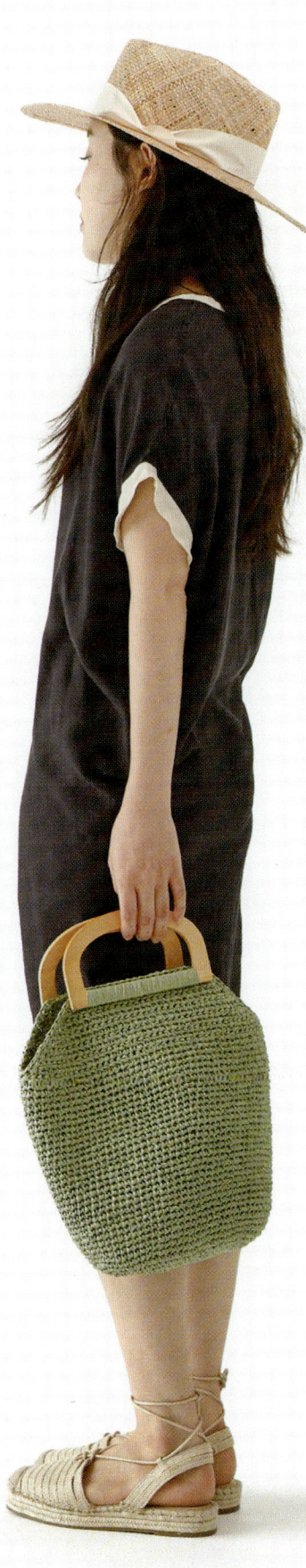

플라워 바스켓백 Flower basket bag

독특한 형태의 몸통에 우드 핸들을 더하니
어디에도 없는 야무진 가방이 완성되었어요.
다른 사람에게 감추고 싶은 소지품도
이 가방에 넣으면 감쪽같이 보이지 않지요.
계절을 가리지 않고 들 수 있는
플라워 바스켓백을 만들어 보세요.

이 책을 보는 방법

- 뜨개질을 시작하기 전에 'Pattern' 페이지에서 도안을 살펴보고 'How to' 페이지에서 전체 과정을 훑어보세요. 조금 더 수월하게 뜨개 가방을 만들 수 있습니다.

- 뜨개 가방의 완성 사이즈는 '가로×세로'로 기재했습니다. 세로는 손잡이 또는 어깨끈을 포함한 높이입니다. 뜨개 가방의 몸통 길이는 'Pattern' 페이지를 참고하세요.

- 뜨개 가방의 무게는 부재료를 포함한 완성 무게입니다.

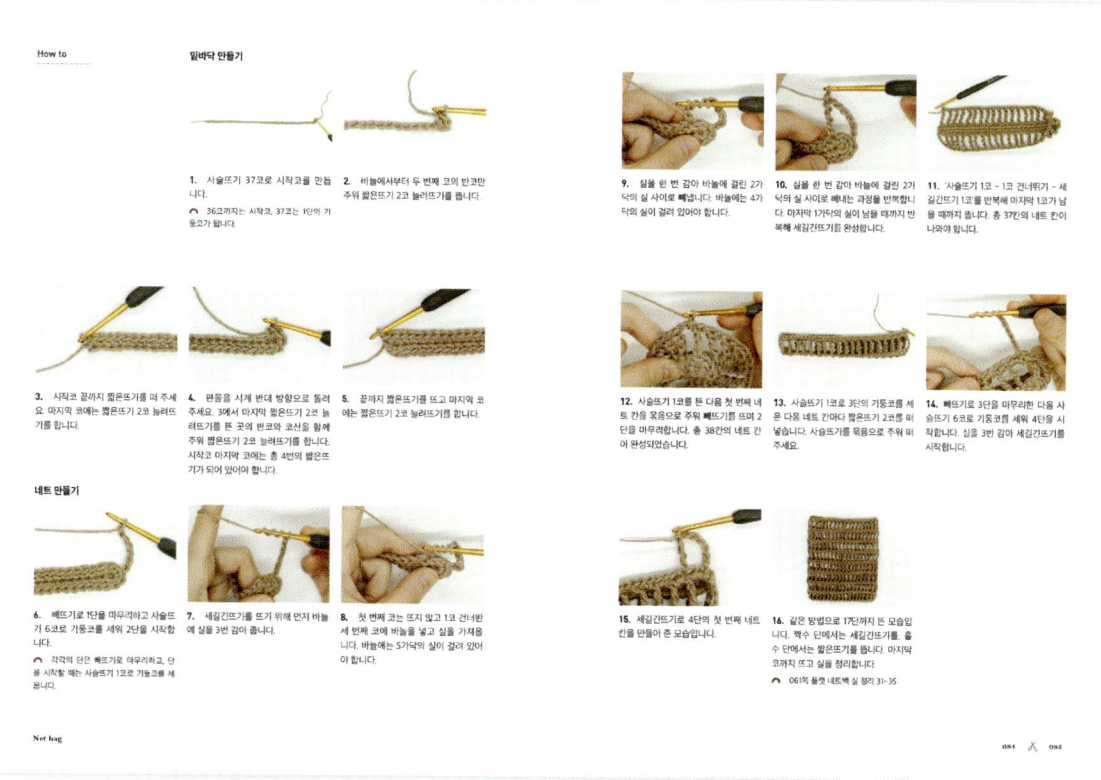

- '수'를 뜻하는 한글은 숫자로 써넣었습니다. '번째'의 경우 가독성을 위해 '다섯 번째'부터 한글을 숫자로 표기했습니다.

- ⌒ : 뜨개 가방을 만들 때 알아 두면 좋은 팁을 기재했습니다.

- ⌒ : 참고하면 좋은 페이지를 표기했습니다.

재료와 도구

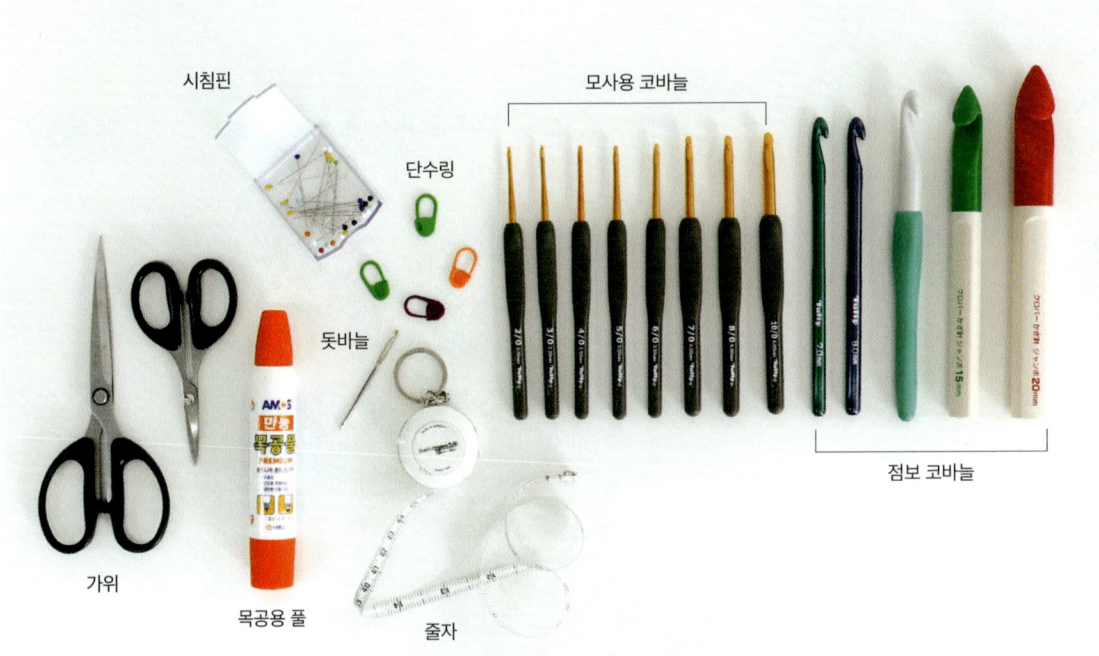

모사용 코바늘

코바늘은 뜨개에서 가장 기본이 되는 도구예요. 모사용 코바늘은 코바늘 중에서도 일반적으로 사용하는 종류입니다. 모사용 코바늘은 호수가 커질수록 바늘의 굵기가 굵어집니다. 실의 굵기에 맞는 호수의 코바늘을 선택해 사용해 주세요.

점보 코바늘

모사용 코바늘보다 굵은 코바늘입니다. 7, 8, 12, 15, 20mm 사이즈가 있으며 굵은 실로 뜨개 가방을 만들 때 사용해요. 무거운 점보 코바늘을 사용하면 손목에 무리가 갈 수 있으니 가볍고 튼튼한 플라스틱 소재의 점보 코바늘을 추천합니다.

줄자

완성한 뜨개 가방의 사이즈를 잴 때 사용합니다.

단수링

뜨개 가방을 만들며 단수나 코수를 표시할 때 사용해요. 이 책에서는 주로 원형뜨기 1바퀴의 시작과 끝을 표시할 때 사용합니다.

가위

두 가지 사이즈의 가위를 사용합니다. 큰 가위는 굵은 실이나 스트랩, 리본을 자를 때 쓰고 예리한 작은 가위는 뜨개 가방을 완성한 다음 실을 정리할 때 사용해요.

시침핀

편물과 편물을 함께 연결할 때, 위치를 고정할 때 사용합니다.

돗바늘

뜨개 가방을 완성한 다음 마지막으로 실을 정리할 때나 편물과 편물을 연결할 때 사용합니다.

목공용 풀

실과 실, 실과 스트랩, 스트랩과 나무 구슬을 고정하기 위해 사용해요. 사용 직후에는 흰색이지만 굳고 나면 투명해져 눈에 띄지 않습니다.

뜨개 가방을 위한 실

면사

이 책에서는 12, 18, 24, 36, 60, 90합의 면사를 사용합니다. 합이란 얇은 실의 꼬인 가닥 수를 의미하고 합수가 높을수록 실이 굵어져요. 면사는 실이 탄탄해 내구성을 필요로 하는 가방 만들기에 적합해요. 하지만 무게가 나가는 편이라 사이즈나 실의 굵기를 잘 선택해야 합니다. 일반적으로 많이 사용하는 굵기인 12, 18, 24합은 저렴한 가격으로 0.5~1kg과 같은 대용량을 구매할 수 있습니다. 제조사가 다양해 온라인으로도 쉽게 구매할 수 있어요. 같은 합수라고 해도 제조사에 따라 약간의 굵기 차이가 있으니 면사를 섞어 사용할 경우 이 점에 유의해 주세요.

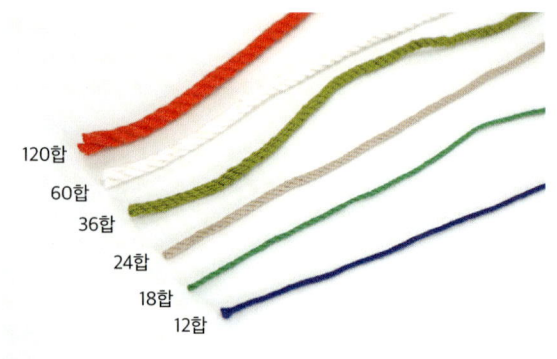

리넨사

부드러운 질감으로 뜨개질하기 편한 실이에요. 내추럴하고 빈티지한 느낌이 살아 있어 여름 가방을 만들기에 좋아요. 브랜드에 따라 실의 느낌이 천차만별이라 선택의 폭이 넓습니다.

마사

리넨사보다 조금 더 거친 느낌으로, 러프한 디자인의 가방을 만들 때 사용해요. 실의 강도와 탄력이 좋아 화분이나 바구니 등 내구성을 필요로 하는 아이템을 만들기에 적합합니다. 하지만 가공이 완벽하게 되지 않은 천연 소재 실로 다른 실에 비해 가루 날림이 심한 편이고, 오래 작업하면 손이 아플 수 있어요. 뜨개질할 때 바늘의 호수를 높여 러프하게 뜨는 방식을 추천합니다.

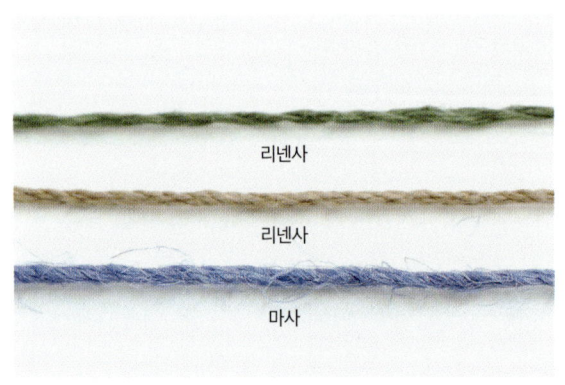

폴리사

폴리에스테르 100%인 실로 비닐과 비슷한 질감을 가지고 있어요. 광택이 나며 가볍고 저렴해 천연 레이온사를 대신해 사용하기 좋습니다. 하지만 뻣뻣하기 때문에 오래 작업하면 손이 아플 수 있어요.

종이실

100% 종이 재질의 실입니다. 단단하고 가벼워 뜨개 가방을 만들기에 부담이 없어요. 종이실로 뜨개 가방을 완성하면 밀짚 가방과 비슷한 분위기를 낼 수 있어요. 우드 핸들과의 조합이 좋습니다.

천연 레이온사

천연 레이온사는 컬러가 다양하며 가볍고 부드러워요. 여름 모자나 여름 가방과 잘 어울리는 질감의 실로 고급스러워 작품의 완성도가 올라갑니다.

실을 거는 방법

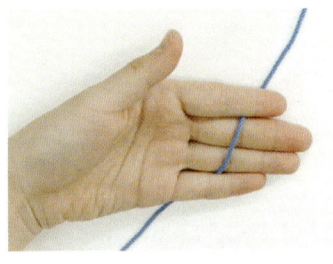 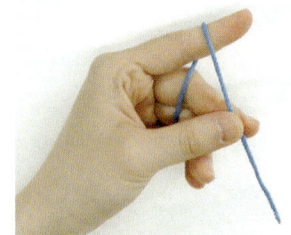

1. 손바닥 뒤에서 실 끝을 가져와 소지와 약지 사이 앞으로 끼운 다음 중지와 검지 사이에 끼워 뒤로 보냅니다. 실은 중지와 약지 위에만 올라와 있어요.

2. 실 끝을 검지 뒤에서 앞으로 가져와 엄지와 중지로 실 끝 5~10cm 되는 지점을 잡아 줍니다. 이때 실이 걸려 있는 검지를 살짝 들어 실의 텐션을 유지합니다. 실이 느슨해지면 뜨개질하기가 힘드니 일정한 텐션을 유지하는 것이 중요해요.

바늘을 잡는 방법

 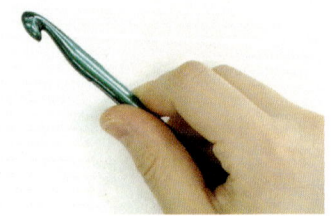

1. 바늘 끝의 갈고리를 아래로 향하게 한 다음 엄지와 검지로 바늘 자루를 잡고 중지를 검지 앞에 둡니다.

2. 점보 코바늘을 사용하거나 굵은 실로 편물을 뜰 때는 힘을 많이 줄 수 있도록 엄지와 검지로 주먹 쥐듯이 바늘 자루를 잡아 주세요.

Basic

뜨개 가방을 위한 기초 뜨개법

사슬뜨기 ⚬

사슬뜨기는 가장 기본적인 뜨개법입니다. 첫 번째 단을 뜨기 위한 기초 단계에 쓰이며 '시작코, 사슬코, 사슬' 등으로 불러요. 뜨개 가방의 어깨끈을 만들거나 가방에 스트랩 넣을 구멍을 만들 때, 네트백의 네트를 만들 때 등 다양한 상황에서 쓰이는 기법입니다. ⌒ 034쪽 사슬뜨기 시작코 만들기

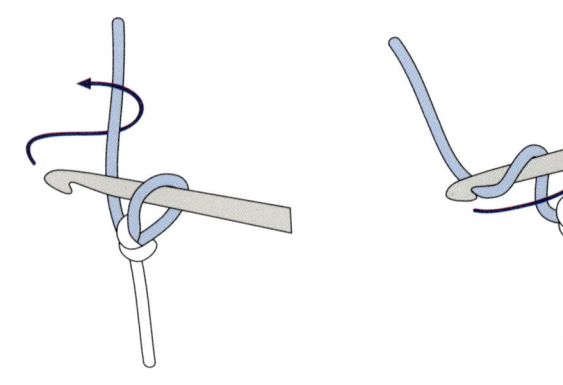

1. 화살표 방향으로 실을 휘감아 주세요.

2. 휘감은 실을 바늘에 걸린 1가닥의 실 사이로 빼냅니다.

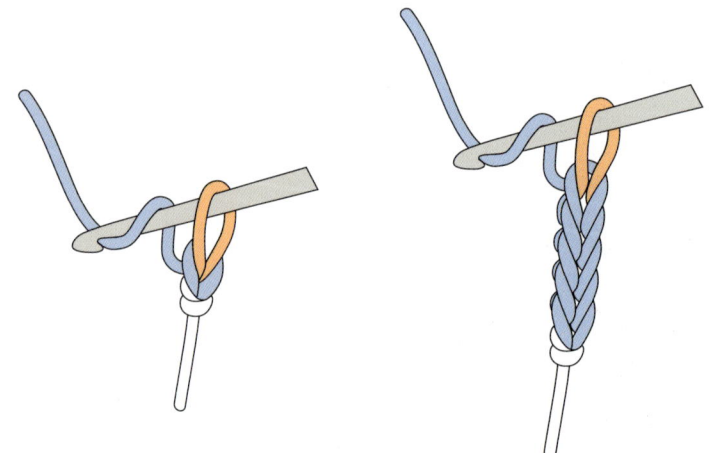

3. 사슬뜨기 1코가 완성되었습니다. 1~2를 4번 더 반복해 주세요.

4. 사슬뜨기 5코가 완성되었습니다.

Basic

짧은뜨기 ✕

짧은뜨기 또한 가장 기본이 되는 뜨개법으로 탄탄하고 촘촘한 짜임이 특징입니다. 내구성을 필요로 하는 가방 만들기에 적합한 기법이에요. 짧은뜨기는 시작코가 있는 상태에서 떠야 합니다.

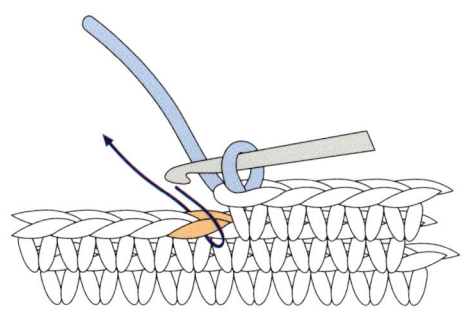

1. 시작코가 있는 편물을 준비합니다. 앞 단 코의 머리 2가닥에 바늘을 넣어 줍니다.

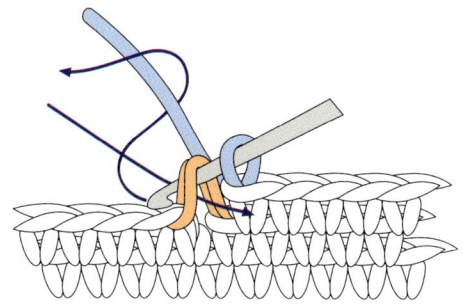

2. 바늘에 실을 휘감아 화살표 방향으로 빼냅니다.

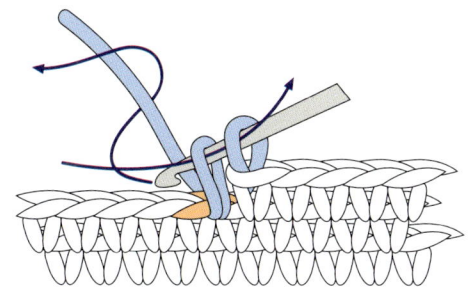

3. 바늘에는 2가닥의 실이 걸려 있어야 합니다. 다시 한 번 실을 휘감아 2가닥의 실 사이로 통과시킵니다.

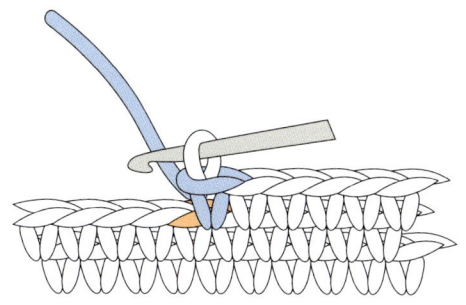

4. 짧은뜨기가 완성되었습니다

빼뜨기

편물과 편물을 연결하거나 뜨개 가방의 어깨끈을 만들 때, 가방의 마지막 단에서 테두리를 두를 때 주로 사용하는 기법입니다. 기둥코를 뜨지 않고 시작하는 뜨개법으로, 빼뜨기를 뜨면 편물이 단단해져 쉽게 늘어나지 않아요.

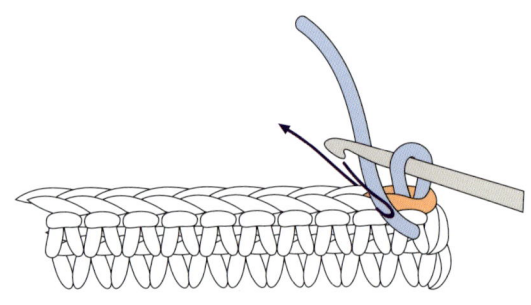

1. 짧은뜨기 한 편물을 준비합니다. 앞 단 코의 머리 2가닥에 바늘을 넣어 주세요.

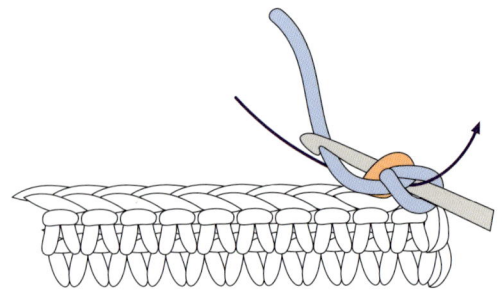

2. 바늘에 실을 휘감고 바늘에 걸린 실 사이로 빼냅니다.

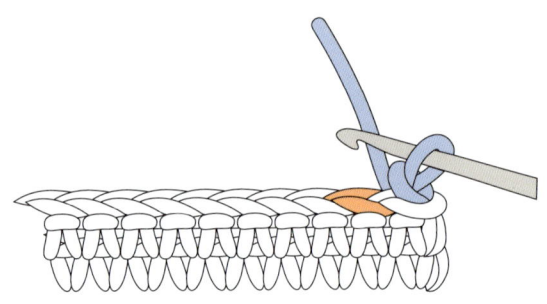

3. 빼뜨기 1코가 완성되었습니다. 1~2를 3번 더 반복해 주세요.

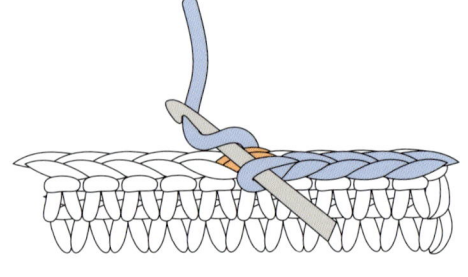

4. 빼뜨기 4코가 완성되었습니다.

짧은뜨기 이랑뜨기 ✕

짧은뜨기 이랑뜨기는 바늘을 넣는 위치만 다를 뿐 짧은뜨기와 같은 방식으로 뜹니다. 주로 편물에 무늬를 넣을 때 사용해요. 이 책에서는 굵기가 다른 실을 사용할 때 짧은뜨기 이랑뜨기를 합니다.

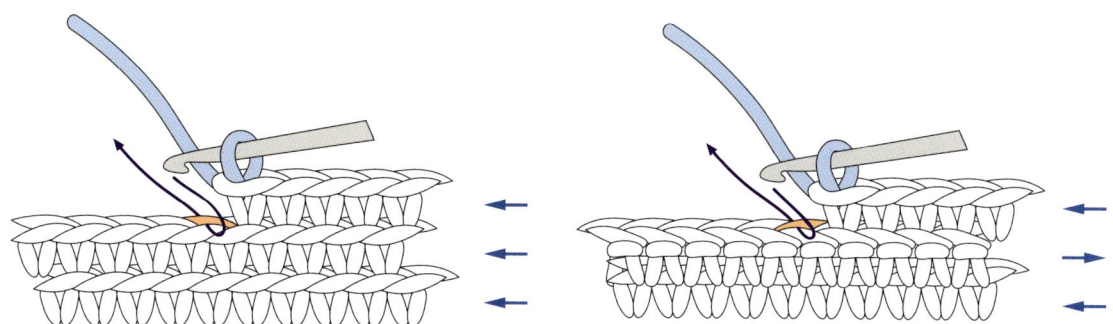

1. 짧은뜨기 한 편물을 준비합니다. 앞 단 코의 머리 2가닥 중 뒤쪽 반코에만 바늘을 넣어 짧은뜨기를 합니다. 항상 겉쪽을 보고 앞 단 코의 머리 중 뒤쪽 반코만 주워 뜨는 '짧은뜨기 이랑뜨기의 원형뜨기'입니다.

2. 편물이 평뜨기일 때 겉쪽과 안쪽을 번갈아 가며 뜨되, 앞 단 코의 머리 2가닥 중 항상 뒤쪽 반코만 주워 뜹니다. 단마다 편물의 방향을 바꿔 뜨는 '짧은뜨기 이랑뜨기의 평뜨기'입니다.

짧은뜨기 2코 늘려뜨기

1코를 2코로 늘리는 뜨개법이에요. 원형뜨기와 같이 코를 늘려 가며 모양을 키우는 뜨개법에서 꼭 필요한 기법입니다.

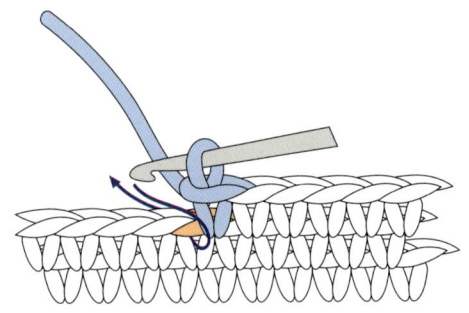

1. 짧은뜨기 한 편물을 준비합니다. 짧은뜨기 1코를 떠 주세요. 같은 코에 바늘을 넣어 실을 가져옵니다.

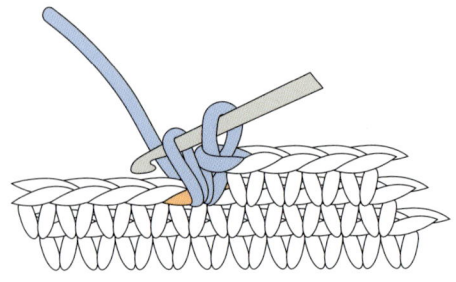

2. 바늘에 실을 한 번 감고 바늘에 걸린 2가닥의 실 사이로 빼냅니다.

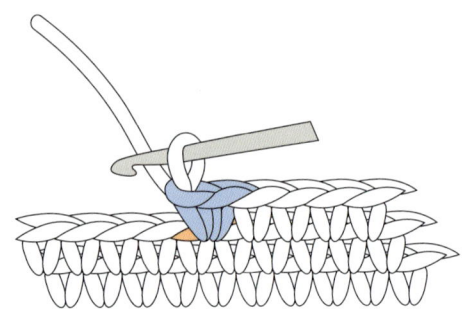

3. 짧은뜨기 2코 늘려뜨기가 완성되었습니다.

짧은뜨기 2코 모아뜨기

2코를 1코로 줄이는 뜨개법입니다. 이 책에서는 테두리의 경사면이나 손잡이의 경사면을 만들 때 주로 사용합니다.

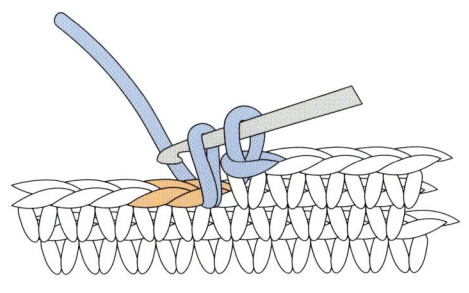

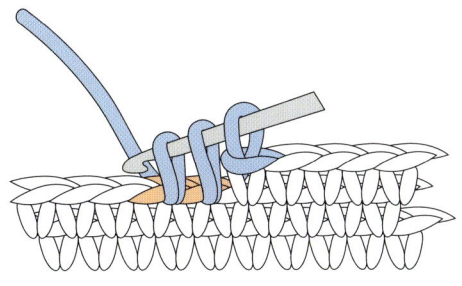

1. 짧은뜨기 한 편물을 준비합니다. 앞 단 코의 머리 2가닥에 바늘을 넣어 실을 가져옵니다.

2. 다음 코 코의 머리 2가닥에도 바늘을 넣어 실을 가져오세요. 바늘에는 3가닥의 실이 걸려 있어야 합니다.

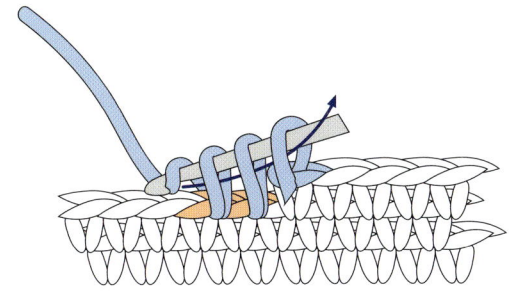

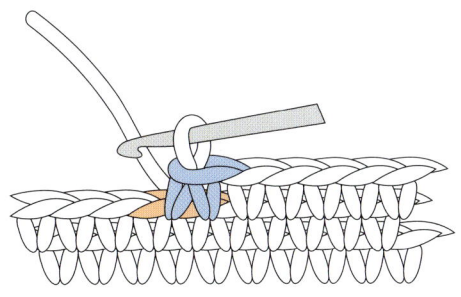

3. 바늘에 실을 한 번 감은 다음 화살표 방향과 같이 3가닥의 실 사이로 빼냅니다.

4. 짧은뜨기 2코 모아뜨기가 완성되었습니다.

되돌아 짧은뜨기 ⤫

편물과 편물을 연결할 때, 가방이나 모자의 마지막 단에서 모양을 낼 때 사용하는 뜨개법이에요. 실로 돌돌 감은 것처럼 볼륨이 느껴지는 짜임입니다. 모양은 전혀 다르지만 짧은뜨기를 역주행하듯 뒤로 뜨는 방식입니다.

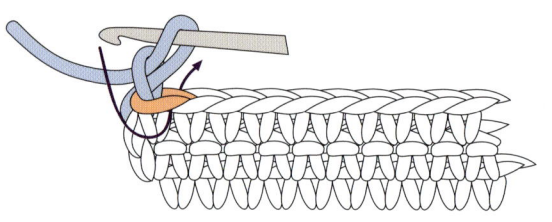

1. 편물의 왼쪽에서 오른쪽으로 뜹니다. 사슬뜨기 1코로 기둥코를 세운 다음 바로 아래 코의 머리 2가닥에 바늘을 넣어 줍니다.

2. 바늘로 실을 가져옵니다.

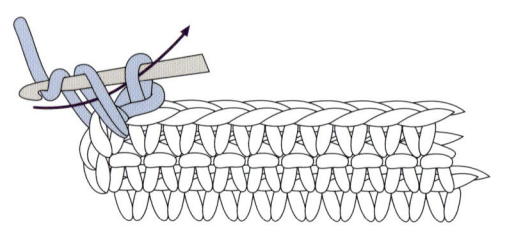

3. 실을 한 번 감아 바늘에 걸린 2가닥의 실 사이로 빼냅니다.

4. 되돌아 짧은뜨기가 완성되었습니다.

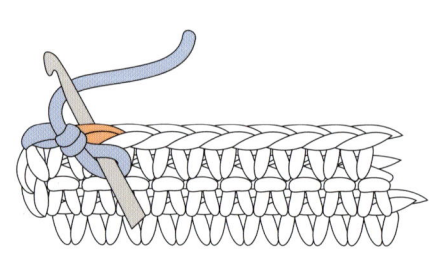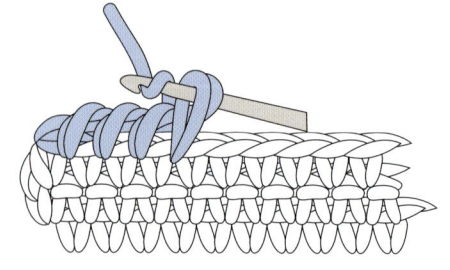

5. 다시 1코 옆에 바늘을 넣어 실을 가져와 짧은뜨기를 뜹니다.

6. 되돌아 짧은뜨기 3코가 완성되었습니다.

돌려 짧은뜨기 ✗

되돌아 짧은뜨기와 모양이 비슷하지만 역주행하지 않고 원래 방향대로 뜨는 방식이에요. 되돌아 짧은뜨기와 마찬가지로 편물과 편물을 연결할 때나 마지막 단에서 모양을 낼 때 주로 사용하는 기법으로, 볼륨이 느껴집니다.

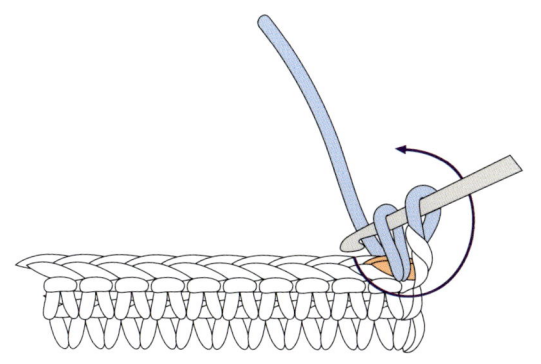

1. 사슬뜨기 1코로 기둥코를 세운 다음 바로 아래 코의 머리 2가닥에 바늘을 넣어 실을 가져옵니다. 그 상태에서 바늘을 화살표 방향으로 돌립니다.

2. 실을 한 번 감아 바늘에 걸린 2가닥의 실 사이로 빼냅니다.

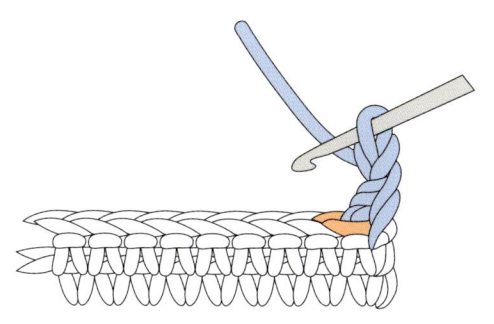

3. 돌려 짧은뜨기 1코가 완성되었습니다.

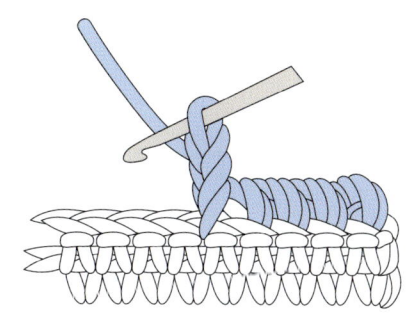

4. 1~2를 반복하면 돌려 짧은뜨기가 완성됩니다.

긴뜨기 T

짧은뜨기와 한길긴뜨기 사이의 중간 높이 뜨개법입니다. 짧은뜨기에 비해 높이가 있어 원하는 높이로 빠르게 뜰 수 있어요. 높이가 있는 만큼 코와 코 사이에 틈이 있습니다. 긴뜨기로 빽빽하게 가방을 떠도 작은 소지품은 틈새로 빠질 수 있으니 주의하세요.

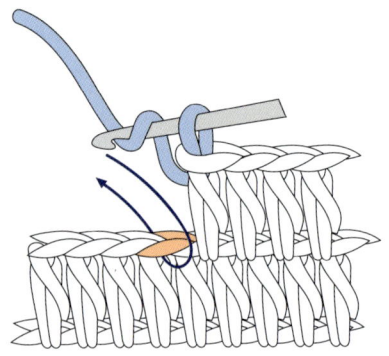

1. 바늘에 실을 한 번 감아 앞 단 코의 머리 2가닥에 바늘을 넣어 줍니다.

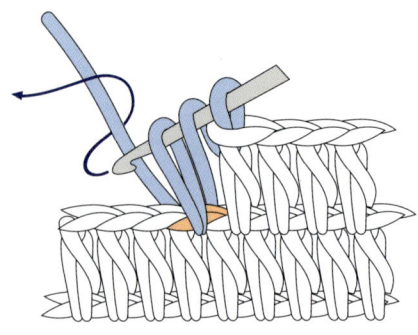

2. 실을 가져옵니다. 이때 실은 사슬뜨기 2코 높이만큼 가져옵니다. 바늘에는 3가닥의 실이 걸려 있어야 합니다. 다시 한 번 바늘에 실을 감아 줍니다.

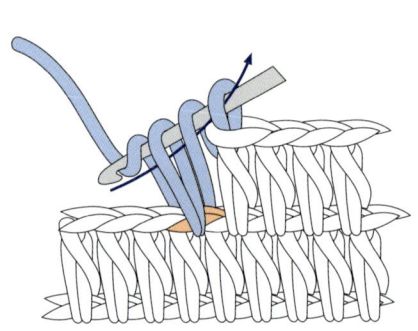

3. 감은 실을 바늘에 걸린 3가닥의 실 사이로 빼냅니다.

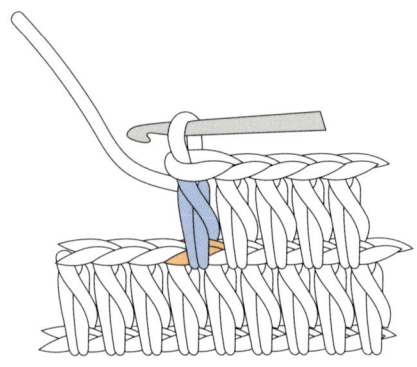

4. 긴뜨기 1코가 완성되었습니다.

한길긴뜨기 ╤

한길긴뜨기는 널리 쓰이는 기본 뜨개법으로 기둥코를 한 번에 높이 올릴 때 사용합니다. 네트백의 네트를 뜰 때 주로 사용하며 다양하게 응용하기 좋은 뜨개법입니다.

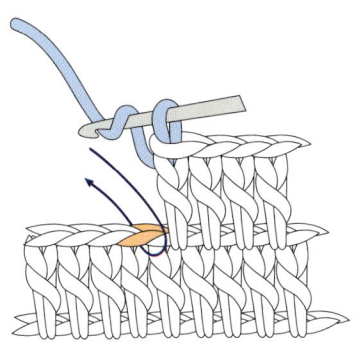

1. 바늘에 실을 한 번 감아 앞 단 코의 머리 2가닥에 바늘을 넣어 줍니다.

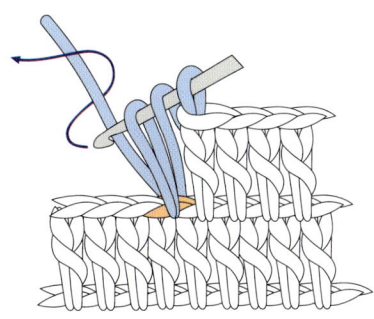

2. 실을 가져옵니다. 이때 실은 사슬뜨기 2코 높이만큼 가져옵니다. 바늘에는 3가닥의 실이 걸려 있어야 합니다. 다시 한 번 바늘에 실을 감아 줍니다.

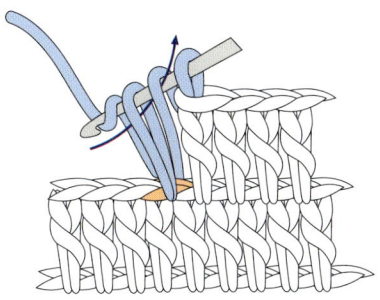

3. 감은 실을 바늘에 걸린 2가닥의 실 사이로 빼냅니다.

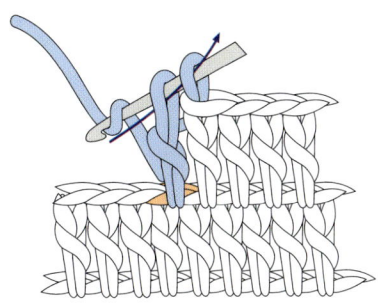

4. 다시 한 번 실을 감아 2가닥의 실 사이로 빼냅니다.

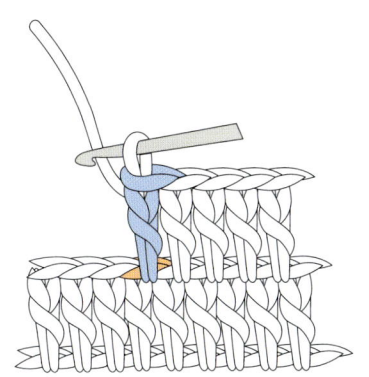

5. 한길긴뜨기 1코가 완성되었습니다.

세길긴뜨기

한길긴뜨기보다 높이가 높은 뜨개법입니다. 높이가 높아진 만큼 코와 코 사이 틈이 커지기 때문에 청키한 분위기의 네트백을 뜰 때 사용하면 좋아요.

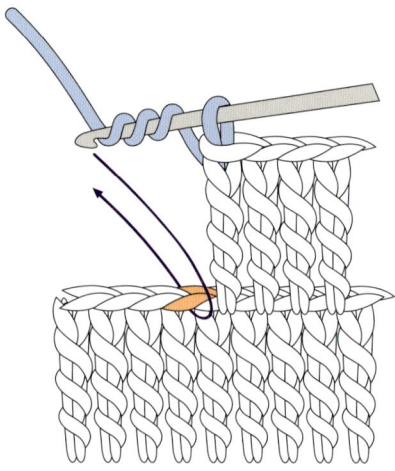

1. 바늘에 실을 3번 감아 앞 단 코의 머리 2가닥에 바늘을 넣어 줍니다.

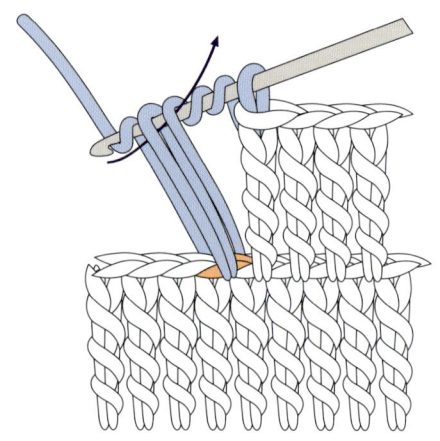

2. 실을 가져옵니다. 이때 실은 사슬뜨기 2코 높이만큼 가져옵니다. 바늘에는 5가닥의 실이 걸려 있어야 합니다. 다시 한 번 바늘에 실을 감아 줍니다. 감아 준 실을 2가닥 사이로 빼냅니다.

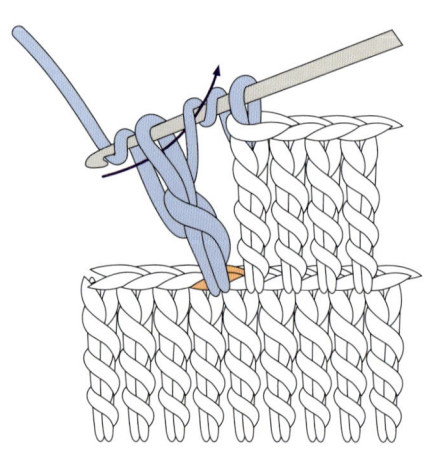

3. 다시 한 번 실을 감아 2가닥의 실 사이로 빼냅니다.

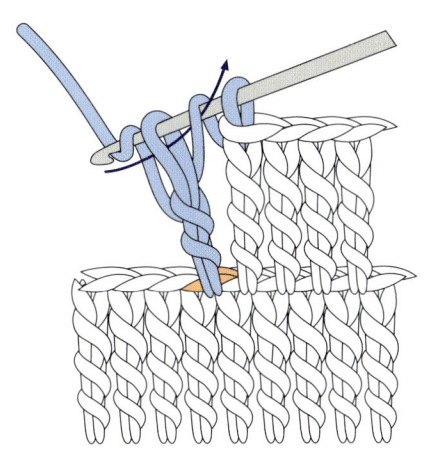

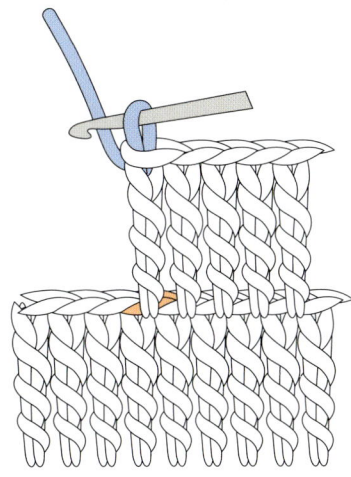

4. 바늘에 걸린 실이 1가닥만 남을 때까지 실을 한 번 감아 2가닥의 실 사이로 빼내는 과정을 반복합니다.

5. 세길긴뜨기 1코가 완성되었습니다.

뜨개 가방 만들기 기법

사슬뜨기 시작코 만들기

첫 번째 단을 뜨기 위해 필요한 코를 '시작코'라고 부릅니다. 사슬뜨기로 시작코를 만드는 방법과 원형뜨기로 시작코를 만드는 방법이 있어요. 사슬뜨기 시작코는 대체로 평뜨기를 뜰 때 사용합니다. 이 책에서는 평뜨기를 뜰 때나 밑바닥이 타원형인 가방을 만들 때 사용했어요. '시작코, 기초코, 사슬코, 사슬' 등 여러 용어로 불립니다.

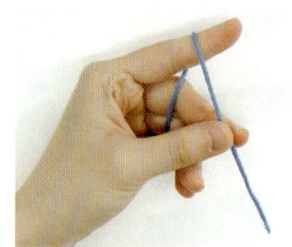

1. 실을 잡아 주세요.

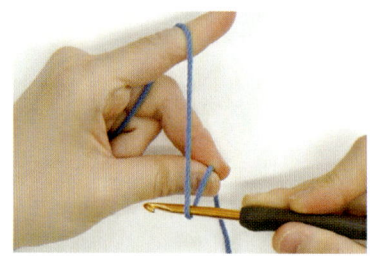

2. 바늘을 실 뒤쪽에 둔 다음 아래로 실을 끌고 옵니다.

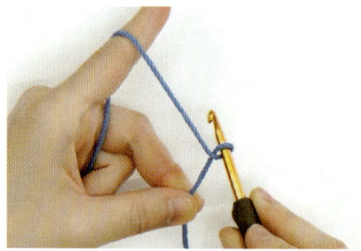

3. 시계 반대 방향으로 바늘을 돌려 주세요.

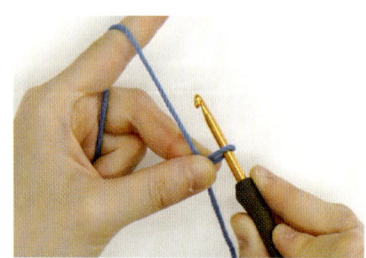

4. 실이 교차되는 지점을 엄지와 중지로 잡아 줍니다.

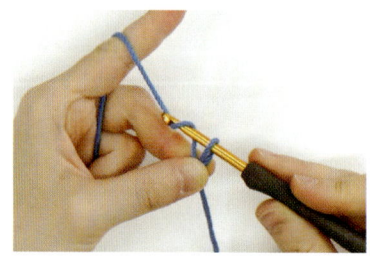

5. 바늘을 돌려 실을 휘감아 줍니다.

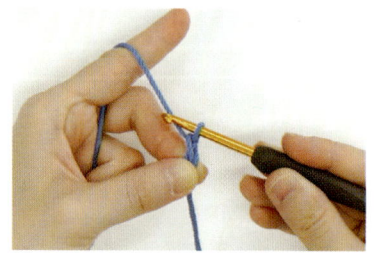

6. 감아 준 실을 고리 사이로 빼냅니다.

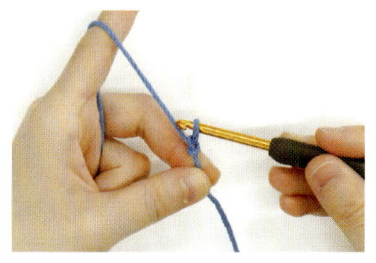 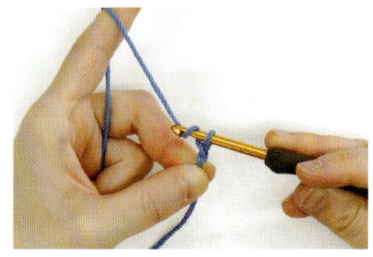 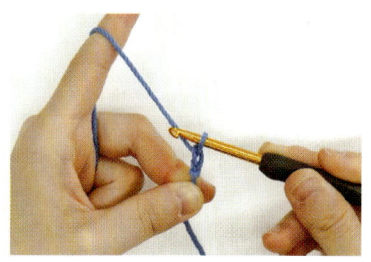

7. 실 끝을 당겨 매듭을 조여 주세요. 이때 조인 매듭은 코수로 세지 않습니다.

8. 다시 한 번 실을 휘감아 고리 사이로 빼냅니다.

9. 사슬뜨기 1코를 뜬 모습입니다.

 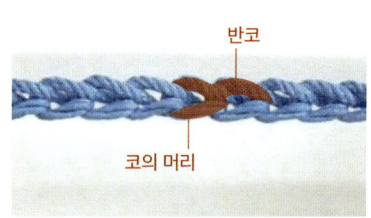 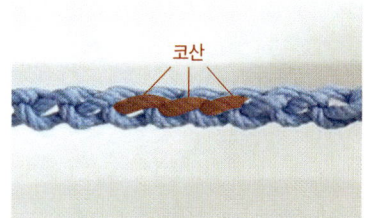

10. 8~9를 8번 반복해 사슬뜨기 9코를 뜬 모습입니다.

11. 사슬코에는 앞면과 뒷면이 있습니다. V자가 보이는 곳이 앞면이며 머리카락을 땋아 놓은 모양입니다. V자를 '코의 머리'라고 부릅니다. 코의 머리 2가닥 중 1가닥을 '반코'라고 불러요.

12. 뒷면 코의 머리 2가닥 가운데에 볼록 나온 1가닥을 '코산'이라고 부릅니다.

사슬뜨기 시작코에서 평뜨기

평뜨기는 원형뜨기와 다르게 한 단이 끝나면 편물을 돌려 뜹니다. 편물의 겉쪽과 안쪽을 번갈아 가며 뜨기 때문에 짝수 단과 홀수 단의 모양이 달라 보여요. 평뜨기는 주로 사각형 모양의 편물을 뜰 때 사용합니다.

1. 바늘에서부터 첫 번째 코는 기둥코로 두고 두 번째 코 코의 머리 2가닥 중 위쪽 1가닥에만 바늘을 넣어 짧은뜨기 1코를 뜹니다.

2. 같은 방법으로 남은 7코를 더 떠 1단을 완성합니다.

3. 편물을 돌려 바늘이 편물 오른쪽으로 오도록 위치를 잡아 줍니다.

4. 사슬뜨기 1코로 기둥코를 세운 다음 첫 코에 짧은뜨기 1코를 뜹니다. 2단부터는 코의 머리 2가닥에 바늘을 넣어 뜹니다.

5. 남은 7코에도 짧은뜨기를 떠 2단을 완성합니다.

6. 같은 방법으로 6단까지 뜬 모습입니다.

원형뜨기 시작코 만들기

원형뜨기 시작코는 둥근 모양을 만들 때 사용합니다. 코스터, 가방의 밑바닥, 모자의 윗면 등을 만들 때 사용하는 기법으로 원형코에 몇 코를 떠 넣는지에 따라 원하는 각도와 오목한 정도를 만들 수 있습니다. 이 책에서는 7각 뜨기, 8각 뜨기, 원형뜨기 기법을 주로 사용합니다.

1. 중지와 약지 위에만 실이 올라와 있도록 실을 겁니다.

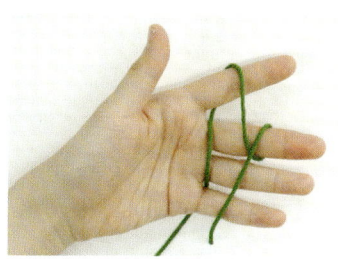

2. 검지 뒤에서 앞으로 실을 가져와 중지에 한 번 감아 줍니다. 실 끝은 앞쪽으로 오고 아래로 향합니다.

3. 실이 교차되는 지점을 엄지와 중지로 잡아 줍니다.

4. 중지에 감겨 있는 실에 바늘을 넣어 실을 한 번 감아 줍니다.

5. 감은 실을 중지에 감겨 있는 실 사이로 빼냅니다.

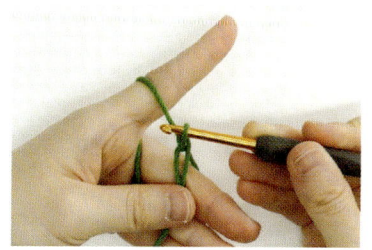

6. 사슬뜨기 1코를 떠 주세요.

7. 엄지와 중지 끝으로 고리 아랫부분을 잡아 줍니다. 원형코가 완성되었습니다.

8. 원형코 안에 바늘을 넣어 짧은뜨기를 1코 뜬 모습입니다.

9. 원형코에 짧은뜨기 5코를 더 떠 넣어 총 6코가 되었습니다. 실 끝을 당겨 가운데 구멍이 작아지게 조입니다.

다각형뜨기

원형뜨기 시작코 만들기를 마스터했다면 뜨개 가방을 만들 때 가장 기본이 되는 원형뜨기, 그 중에서도 가장 쉽게 시작할 수 있는 6각 뜨기, 7각 뜨기, 8각 뜨기를 배워 봅니다. 가방의 밑바닥을 만들 때 주로 사용하는 기법으로 완전한 원형을 뜨는 것보다 조금 더 쉽습니다. 8각 뜨기는 평면 바닥을 뜰 때 사용하며 7각 뜨기, 6각 뜨기와 같이 뜨는 각이 줄어들수록 오목한 모양으로 완성됩니다. 다각형뜨기를 마스터한다면 내가 직접 디자인한 가방에 어울리는 밑바닥을 고를 수 있으니 뜨개 가방 만들기에 한층 자신감이 붙을 거예요.

6각 뜨기 　　　　　　7각 뜨기 　　　　　　8각 뜨기

6각 뜨기 　　　　　　7각 뜨기 　　　　　　8각 뜨기

• 6각 뜨기

1. 원형뜨기 시작코를 만든 다음 짧은뜨기를 6코 떠 넣습니다. 실 끝을 잡아 당겨 조여 주세요.

2. 1단을 마무리하기 위해 빼뜨기를 할 거예요. 우선 첫 번째 짧은뜨기 코의 머리 2가닥에 바늘을 넣어 실을 가져옵니다.

3. 가져온 실을 바늘에 걸린 고리 사이로 빼냅니다.

4. 빼뜨기로 원형뜨기 1단을 마무리한 모습입니다. 각각의 단을 마무리할 때마다 이와 같이 빼뜨기를 해 주세요.

5. 사슬뜨기 1코를 떠 2단의 기둥코를 만듭니다. 모든 단은 사슬뜨기로 기둥코를 만들며 시작합니다.

6. 빼뜨기와 기둥코를 만든 첫 번째 코에 바늘을 넣어 짧은뜨기를 하고, 같은 곳에 짧은뜨기를 한 번 더 해 짧은뜨기 2코 늘려뜨기를 합니다.

7. 남은 5코에도 짧은뜨기 2코 늘려뜨기를 해 주세요. 총 12코를 만들었습니다.

8. 2단의 첫 번째 코에 빼뜨기를 해 2단을 마무리합니다. 단마다 코수가 6의 배수로 증가합니다.

9. 사슬뜨기 1코로 기둥코를 세우고 짧은뜨기 1코를 떠 3단을 시작합니다.

10. 다음 코에 짧은뜨기 2코 늘려뜨기를 합니다.

11. 그 다음 코에는 짧은뜨기 1코, 그 다음 코에는 짧은뜨기 2코 늘려뜨기, 다시 짧은뜨기 1코, 짧은뜨기 2코 늘려뜨기를 반복해 3단 끝까지 뜨고 빼뜨기로 마무리합니다. 총 18코가 완성되었습니다.

12. 사슬뜨기 1코로 기둥코를 세우고 4단을 시작합니다. 두 번째 코까지 짧은뜨기를 각각 한 번씩 뜬 다음 세 번째 코에서 짧은뜨기 2코 늘려뜨기를 합니다.

13. 12와 같은 방법으로 2코 걸러 짧은뜨기 2코 늘려뜨기를 해 4단을 마무리합니다.

14. 사슬뜨기 1코로 기둥코를 세우고 5단을 시작합니다. 5단에서는 세 번째 코까지 짧은뜨기를 각각 한 번씩 뜬 다음 네 번째 코에서 짧은뜨기 2코 늘려뜨기를 합니다.

15. 5단에서는 3코 걸러 짧은뜨기 2코 늘려뜨기를 해 줍니다. 총 30코로 5단이 완성되었습니다.

• 7각 뜨기

1. 원형뜨기 시작코를 만든 다음 짧은뜨기 7코를 떠 넣습니다. 실 끝을 잡아당겨 조여 줍니다.

2. 빼뜨기로 1단을 마무리한 다음 사슬뜨기로 2단의 기둥코를 세우고 첫 번째 코에 짧은뜨기 2코 늘려뜨기를 합니다. 6각 뜨기와 마찬가지로 각각의 단은 빼뜨기로 마무리하고, 단을 시작할 때는 사슬뜨기 1코로 기둥코를 세웁니다.

3. 남은 6코에도 짧은뜨기 2코 늘려뜨기를 하고 빼뜨기로 2단을 마무리합니다. 총 14코를 만들었습니다. 단마다 코수가 7의 배수로 증가합니다.

4. 3단 첫 번째 코에 짧은뜨기 1코를 뜨고 다음 코에서는 짧은뜨기 2코 늘려뜨기를 합니다.

5. 4와 같은 방법으로 1코 걸러 짧은뜨기 2코 늘려뜨기를 해 3단을 마무리합니다. 총 21코를 만들었습니다.

6. 4단에서는 2코 걸러 짧은뜨기 2코 늘려뜨기를 해 28코를 뜹니다.

7. 5단에서는 3코 걸러 짧은뜨기 2코 늘려뜨기를 해 35코를 뜹니다. 매 단마다 하나씩 거르는 코를 늘려 가며 원하는 단수만큼 뜹니다.

• 8각 뜨기

1. 원형뜨기 시작코를 만든 다음 짧은뜨기 8코를 떠 넣습니다. 실 끝을 잡아 당겨 조여 줍니다.

2. 빼뜨기로 1단을 마무리한 다음 사슬뜨기로 2단의 기둥코를 세우고 첫 번째 코에 짧은뜨기 2코 늘려뜨기를 합니다. 6각 뜨기와 마찬가지로 각각의 단은 빼뜨기로 마무리하고, 단을 시작할 때는 사슬뜨기 1코로 기둥코를 세웁니다.

3. 남은 7코에도 짧은뜨기 2코 늘려뜨기를 하고 빼뜨기로 2단을 마무리합니다. 총 16코를 만들었습니다. 단마다 코수가 8의 배수로 증가합니다.

4. 3단 첫 번째 코에 짧은뜨기 1코를 뜨고 다음 코에서는 짧은뜨기 2코 늘려뜨기를 합니다.

5. 4와 같은 방법으로 1코 걸러 짧은뜨기 2코 늘려뜨기를 해 3단을 마무리합니다. 총 24코를 만들었습니다.

6. 4단에서는 2코 걸러 짧은뜨기 2코 늘려뜨기를 해 32코를 뜹니다.

7. 5단에서는 3코 걸러 짧은뜨기 2코 늘려뜨기를 해 40코를 뜹니다. 매 단마다 하나씩 거르는 코를 늘려 가며 원하는 단수만큼 뜹니다. 단수가 올라갈수록 각이 도드라져 보입니다.

8각으로 평면을 뜰 때는 힘 조절에 유의해야 합니다. 힘 조절을 고르게 하지 못하면 단이 올라갈수록 편물이 물결치듯 울 수 있어요. 힘 조절에 익숙하지 않다면 오목한 밑면인 7각 뜨기를 선택해도 좋아요. 하지만 7각 뜨기는 코수가 홀수로 나올 수 있기 때문에 정확한 대칭의 디자인을 원한다면 코가 짝수로 나오도록 계획해 떠야 합니다.

원형뜨기

완전한 원형으로 평평한 밑바닥을 뜰 때 사용하는 기법입니다. 8각 뜨기와 비슷해 보이지만 각이 지지 않게 뜨는 방법이에요. 시작코를 만드는 것과 홀수 단을 뜨는 방법은 8각 뜨기와 동일하고 짝수 단을 뜰 때만 방법이 달라집니다. 8각 뜨기뿐만 아니라 6각 뜨기와 7각 뜨기도 원형뜨기를 응용해 같은 원리로 뜨면 각은 사라지면서 오목한 모양을 만들 수 있어요.

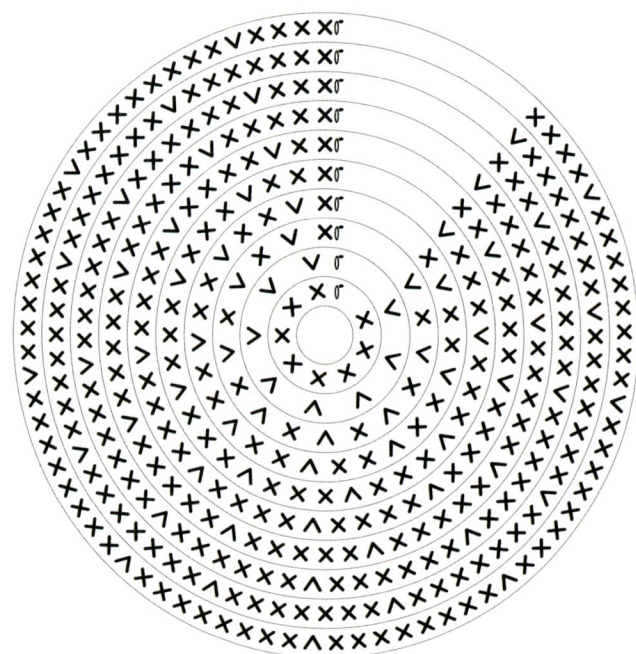

1. 원형뜨기 시작코를 만든 다음 짧은 뜨기 8코를 떠 넣습니다. 실 끝을 잡아당겨 조여 줍니다.

2. 빼뜨기로 1단을 마무리한 다음 사슬뜨기로 2단의 기둥코를 세웁니다. 각각의 단은 빼뜨기로 마무리하고, 단을 시작할 때는 사슬뜨기 1코로 기둥코를 세웁니다.

3. 2단은 전부 짧은뜨기 2코 늘려뜨기를 해 16코를 뜹니다.

4. 3단 첫 번째 코에 짧은뜨기 1코를 뜨고 다음 코에서는 짧은뜨기 2코 늘려뜨기를 합니다.

5. 4와 같은 방법으로 1코 걸러 짧은뜨기 2코 늘려뜨기를 해 3단을 마무리합니다. 총 24코를 만들었습니다. 여기까지는 8각 뜨기와 방법이 동일해요.

6. 4단 첫 번째 코에 짧은뜨기 1코를 뜨고 다음 코에서는 짧은뜨기 2코 늘려뜨기를 합니다.

7. 세 번째, 네 번째 코에서는 짧은뜨기를 1코씩 뜨고 다섯 번째 코에 짧은뜨기 2코 늘려뜨기를 뜹니다.

8. 7을 반복해 2코 걸러 짧은뜨기 2코 늘려뜨기를 합니다. 마지막 남은 1코에는 짧은뜨기 1코를 뜹니다. 총 32코를 만들었습니다.

9. 5단에서는 3코 걸러 짧은뜨기 2코 늘려뜨기를 해 40코를 뜹니다. 홀수 단을 뜰 때는 8각 뜨기와 동일한 방법으로 뜹니다.

10. 6단에서는 2코 걸러 짧은뜨기 2코 늘려뜨기를 1회 하고,

11. 4코 걸러 짧은뜨기 2코 늘려뜨기를 7회 해 준 다음, 남은 2코에는 짧은뜨기를 1코씩 뜹니다. 이와 같이 거르는 코수가 짝수일 경우에는 시작 부분에서만 코수를 반으로 나눠 시작하고 남은 코를 마지막에 뜹니다.

12. 10단까지 뜬 모습입니다. 10단에서는 단의 시작 부분에만 4코 걸러 짧은뜨기 2코 늘려뜨기를 하고 다음 코에서부터 8코 걸러 짧은뜨기 2코 늘려뜨기를 7회 해 준 다음, 남은 4코에는 짧은뜨기를 1코씩 떠 주었습니다.

이음새 없이 원형뜨기

단이 끝날 때마다 빼뜨기를 하면 빼뜨기를 한 부분이 이음새처럼 도드라져 보입니다. 빼뜨기와 기둥코 없이 원형뜨기를 하면 단의 시작과 끝이 만나는 이음새가 자연스러워져요. 하지만 자연스러워지는 만큼 단의 시작과 끝을 찾기 힘든 뜨개법입니다. 단수링으로 단의 시작과 끝을 표시해 가며 떠야 하기 때문에 원형뜨기 중 가장 난이도가 높습니다.

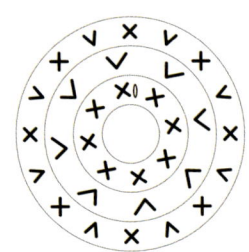

1. 원형뜨기 시작코를 만든 다음 짧은뜨기 8코를 떠 넣습니다. 실 끝을 잡아당겨 조여 줍니다.

2. 빼뜨기와 기둥코 없이 단의 첫 번째 코에 짧은뜨기 2코 늘려뜨기를 뜹니다. 이때 첫 번째 코에 단수링을 걸어 위치를 표시합니다.

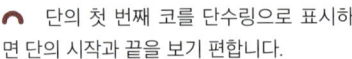 단의 첫 번째 코를 단수링으로 표시하면 단의 시작과 끝을 보기 편합니다.

3. 남은 7코에도 짧은뜨기 2코 늘려뜨기를 합니다.

4. 3단의 첫 번째 코에 짧은뜨기 1코를 뜨고 단수링을 옮겨 위치를 표시합니다.

5. 남은 15코에 1코 걸러 짧은뜨기 2코 늘려뜨기를 합니다.

6. 뜨는 방식은 원형뜨기와 동일하지만 빼뜨기와 기둥코가 없기 때문에 나선으로 말리는 모양입니다. 이 방법으로 뜨면 계단처럼 단의 첫 번째 코와 마지막 코에 높이 차이가 생기므로 이 점을 고려해 가방을 디자인해야 합니다.

Basic

타원형뜨기

짧은뜨기로 타원 모양을 만들어 봅니다. 타원형뜨기는 밑바닥이 타원형인 가방을 만들 때 주로 사용해요. 타원형뜨기는 사슬뜨기로 시작코를 만든 다음에 뜨는 뜨개법입니다. 사슬뜨기 시작코의 코수를 잘 계산하고 시작해야 원하는 폭과 넓이로 뜰 수 있어요.

1. 사슬뜨기 9코로 시작코를 만듭니다. 여기서 8코는 시작코, 1코는 1단의 기둥코가 됩니다.

2. 바늘에서부터 두 번째 코의 반코만 주워 짧은뜨기 2코 늘려뜨기를 뜹니다.

3. 짧은뜨기를 1코에 1번씩, 총 6코를 뜹니다.

4. 시작코 마지막 코에 짧은뜨기 2코 늘려뜨기를 합니다.

5. 편물을 시계 반대 방향으로 돌려주세요. 4에서 짧은뜨기 2코 늘려뜨기를 뜬 곳의 반코와 코산을 함께 주워 짧은뜨기 2코 늘려뜨기를 합니다. 시작코 마지막 코에는 총 4번의 짧은뜨기가 되어 있어야 합니다.

6. 짧은뜨기를 1코에 1번씩 뜨고, 시작코 끝에는 짧은뜨기 2코 늘려뜨기를 합니다.

7. 빼뜨기와 사슬뜨기로 기둥코를 세우고 2단을 시작합니다. 짧은뜨기 2코 늘려뜨기를 2회 떠 주세요.

8. 짧은뜨기 6코를 뜹니다.

9. 짧은뜨기 2코 늘려뜨기를 4회 뜹니다.

10. 짧은뜨기 6코를 뜹니다.

11. 짧은뜨기 2코 늘려뜨기를 2회 뜬 다음 빼뜨기로 2단을 마무리합니다.

12. 사슬뜨기로 기둥코를 세우고 3단을 시작합니다. 1코 걸러 짧은뜨기 2코 늘려뜨기를 2번 반복합니다.

13. 짧은뜨기 6코를 뜹니다.

14. 1코 걸러 짧은뜨기 2코 늘려뜨기를 4번 반복합니다.

15. 짧은뜨기 6코를 뜹니다.

Basic

16. 1코 걸러 짧은뜨기 2코 늘려뜨기를 2번 반복합니다. 빼뜨기로 3단을 마무리해 주세요.

17. 사슬뜨기로 기둥코를 세우고 4단을 시작합니다. 1코 걸러 짧은뜨기 2코 늘려뜨기를 합니다.

18. 2코 걸러 짧은뜨기 2코 늘려뜨기를 뜬 다음 짧은뜨기를 1코 떠 줍니다.

19. 짧은뜨기 6코를 뜹니다.

20. 1코 걸러 짧은뜨기 2코 늘려뜨기를 뜨고 2코 걸러 짧은뜨기 2코 늘려뜨기를 3번 반복합니다.

21. 짧은뜨기를 8코 뜬 다음 짧은뜨기 2코 늘려뜨기, 2코 걸러 짧은뜨기 2코 늘려뜨기, 짧은뜨기 1코를 뜨고 빼뜨기로 4단을 마무리합니다. 거르는 코수가 짝수일 경우에는 시작 부분에서만 코수를 반으로 나눠 시작하고 남은 코를 마지막에 뜹니다.

사슬뜨기 시작코를 중심으로 놓아가는 타원형뜨기는 양쪽 끝의 둥근 부분에서만 코를 늘리기 때문에 가운데 부분은 코를 늘리는 것 없이 짧은뜨기를 한다고 생각하면 됩니다. 양쪽 끝의 둥근 부분을 각각 반원으로 보고 원형뜨기를 활용해 뜬다고 생각하면 이해하기 쉬워요. 둥근 부분을 뜰 때에 4번씩 코를 늘려 가며 떠 주세요.

뜨개 가방을 더 예쁘게

기본 뜨개법만으로도 충분히 아름다운 뜨개 가방을 만들 수 있어요. 화려한 기교를 부리며 만든 뜨개 가방보다는 짧은뜨기로만 차곡차곡 쌓아 올린 가방이 더 멋지게 느껴집니다. 짧은뜨기는 탄탄하고 촘촘한 짜임이라 내구성을 필요로 하는 가방을 뜨기에 적합합니다. 하지만 약간의 지겨움과 손가락의 아픔은 견뎌 내야 하죠. 뜨개 가방을 처음 만들어 보는 분들은 밑바닥이 원형인 뜨개 가방부터 시작해 보세요. 원하는 사이즈를 상상하고 그에 맞는 소재의 실과 알맞은 굵기의 실을 선택해 주세요. 실이 얇으면 완성된 가방은 가볍지만 만드는 데 시간이 오래 걸리고 실이 두꺼우면 무겁지만 비교적 금방 완성할 수 있습니다.

실 컬러

실 컬러를 고르는 게 어렵다면 기본 컬러를 선택해 주세요. 아이보리색이나 검은색, 회색 등 한 가지 색으로만 가방을 만들어도 좋고, 기본 컬러 위에 포인트 컬러를 섞어도 좋아요. 배색이 어렵다면 '톤 앤드 톤' 배색이나 '톤 온 톤' 배색을 시도해 보세요. 같은 색상군에서 톤만 다르게 배색하는 '톤 앤드 톤' 배색이나 같은 톤에서 색상을 다르게 배색하는 '톤 온 톤' 배색은 실패할 확률이 낮아요. 특히 같은 톤 안에서 보색으로 컬러를 배색하면 세련된 배색을 완성할 수 있어요.

스트랩

숄더백이나 크로스백을 만들 때 어깨끈을 일일이 뜨느라 고생하기도 해요. 게다가 직접 뜬 어깨끈은 시간이 지나며 길이가 늘어나 묶어 사용하는 경우도 많았죠. 직접 뜬 어깨끈 대신 스트랩이나 리본을 사용하면 얼마나 편한지 몰라요. 뜨개 가방과도 잘 어울리고 가방과 어깨끈을 분리할 수도 있으니 더러워지면 새 스트랩으로 갈아 끼우면 그만이죠. 이 책에서는 다양한 스트랩을 활용하는 방법을 소개합니다. 궁합이 좋은 조합은 뜨개 가방의 완성도를 높여 줘요. 가방과 어깨끈의 소재가 같다면 우선 잘 어울리는 조합이겠죠? 뜨개 가방은 주로 면사로 만들기 때문에 면 리본, 면 로프, 면 스트랩을 사용하면 좋습니다.

핸들

뜨개 가방을 만들 때 중요한 부분 중 하나는 핸들이에요. 가방 몸통을 뜨던 실 그대로 어깨끈이나 손잡이를 떠도 좋지만 우드 핸들을 사용하면 조금 더 격식 있는 가방을 만들 수 있어요. 우드 핸들은 사이즈가 정해져 있기 때문에 가방을 뜬 다음 가방 사이즈에 맞는 우드 핸들을 찾는 것보다 핸들을 먼저 고르고 핸들 디자인과 사이즈에 맞는 가방을 만드는 것이 좋아요. 이 순서로 가방을 만들어야 밸런스가 좋은 뜨개 가방을 완성할 수 있습니다. 우드 핸들은 여름에 잘 어울리는 소재로 면사, 마사, 리넨사, 폴리사, 천연 레이온사 등 가벼운 분위기가 나는 실과 궁합이 좋아요.

나무 구슬

스트랩과 함께 나무 구슬을 사용해도 좋습니다. 나무 구슬은 스트랩이나 리본을 고정하는 용도로 쓰이기도 하고, 뜨개 가방을 꾸미기 위해 사용하기도 합니다. 나무 구슬을 고를 때는 구멍의 크기를 잘 살펴보아야 합니다. 구멍이 스트랩에 비해 너무 크면 스트랩에 매듭을 지어도 구슬이 빠질 수 있어요. 반대로 구멍이 너무 작으면 스트랩이 들어가지 않을 수 있습니다. 구멍의 크기를 잘 살피고, 알맞은 나무 구슬을 골라 주세요.

Net

bag

플랫 네트백 Plat net bag

90합의 굵은 면사를 사용한 네트백입니다. 비교적 만들기 쉬운 네트백으로 코바늘 입문자도 짧은 시간에 완성할 수 있어요. 심플한 디자인의 플랫 네트백은 네트 칸이 큼직해 패턴이 있는 파우치나 알록달록한 물건을 넣어 인테리어용으로 두어도 좋습니다.

LEVEL	◆◇◇◇◇
READY	기법 / 빼뜨기, 사슬뜨기, 짧은뜨기, 긴뜨기 실 / 면사 파란색 90합 360g 바늘 / 점보 코바늘 7mm, 돗바늘
SIZE	25×35cm(손잡이 포함 높이)
WEIGHT	360g
TIP	플랫 네트백을 만들 때 사용하는 실은 무게감이 있는 실이기 때문에 가방 사이즈를 키울 때 주의해야 합니다. 아래로 처질 것을 감안해 네트 칸 수를 조절해야 해요. 이 책에서는 무난하게 들기 좋은 사이즈로 만들었습니다.

Pattern

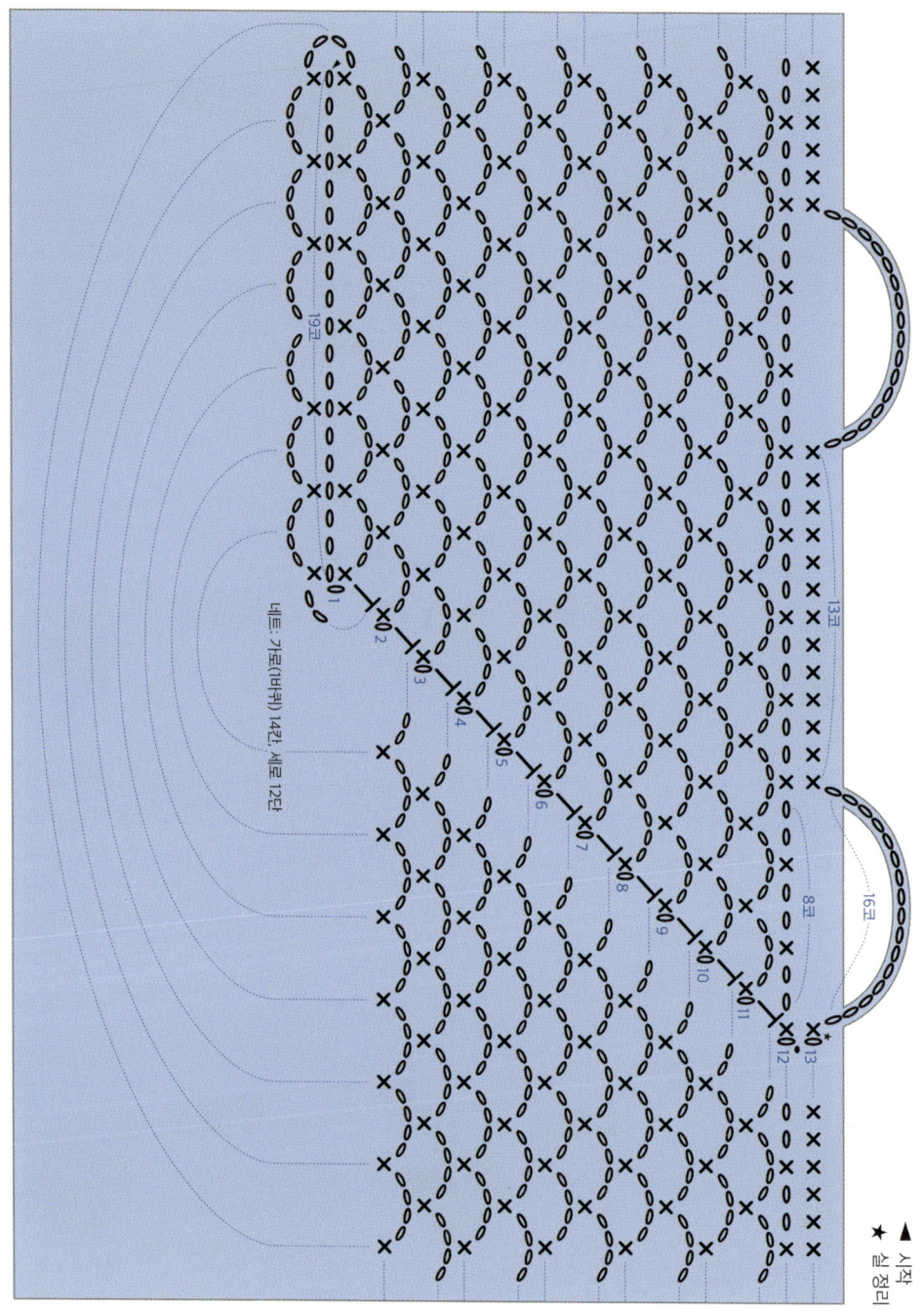

구분	단수	코수	실 컬러
네트	1~12	14칸(네트 칸)	
밑바닥	시작코	19	

Net bag

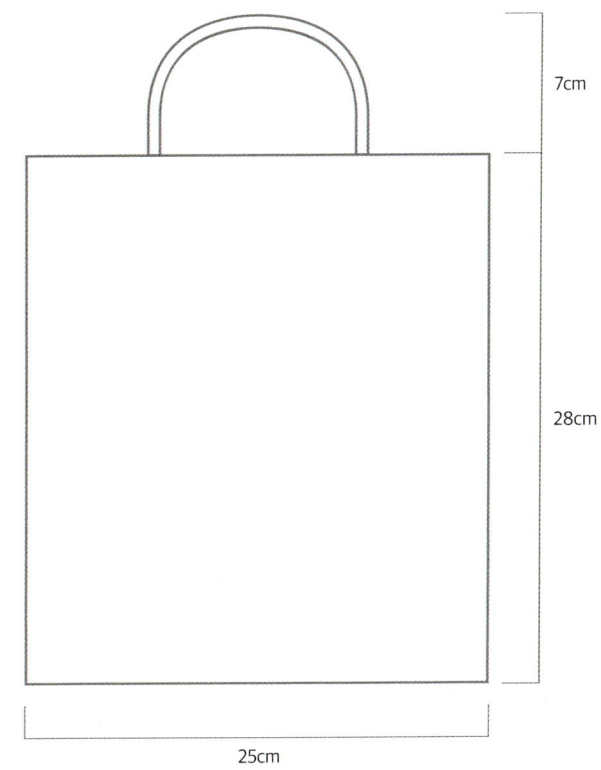
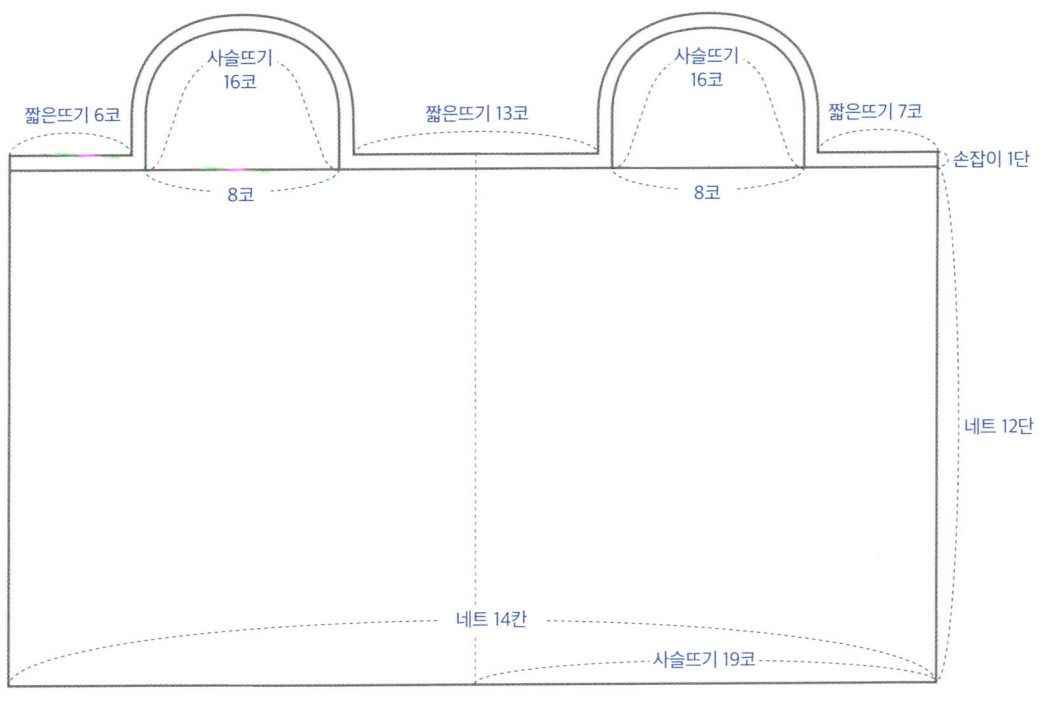

How to

시작코 만들기

1. 검지에 실을 걸고 엄지와 중지로 실 끝을 10cm 정도 남기고 잡아 줍니다.

2. 바늘을 실 뒤쪽에 둔 다음 아래로 실을 끌어옵니다.

3. 바늘을 시계 반대 방향으로 돌려 실을 한 번 꼬아 주세요.

4. 실이 교차되는 지점을 엄지와 중지로 잡아 줍니다.

5. 바늘을 시계 방향으로 돌려 실을 휘감아 줍니다.

6. 감아 준 실을 바늘에 걸린 고리 사이로 빼냅니다. 사슬뜨기 1코가 완성되었습니다. 이때 실 끝을 당겨 아랫부분의 매듭을 조입니다.

⌒ 아랫부분의 매듭은 사슬뜨기 코수에 포함시키지 않습니다.

7. 5~6과 같이 실을 휘감아 빼는 과정을 반복해 사슬뜨기 20코로 시작코를 만듭니다.

⌒ 19코까지는 시작코, 20코는 1단의 기둥코가 됩니다.

네트 만들기

8. 바늘에서부터 두 번째 코 코의 머리 2가닥 중 위쪽 1가닥에 바늘을 넣어 짧은뜨기를 1코 뜹니다. 이때 1가닥을 '반코'라고 부릅니다.

9. 사슬뜨기를 4코 떠 주세요.

10. 시작코 2코를 건너뛰고 세 번째 시작코의 반코만 주워 짧은뜨기를 뜹니다.

11. 9~10을 반복해 시작코 끝까지 떠 주세요. '사슬뜨기 4코 - 2코 건너뛰기 - 짧은뜨기 1코' 순서로 뜨면 총 6칸의 네트 칸이 나옵니다.

12. 시작코를 기준으로 돌아가며 네트 칸을 뜹니다. 편물을 시계 반대 방향으로 돌려 사슬뜨기 4코를 뜬 뒤 마지막 짧은뜨기를 떠 주었던 시작코의 남은 반코와 뒷면의 코산을 함께 주워 짧은뜨기를 뜹니다.

◠ 사슬뜨기 코의 머리 2가닥을 제외한 뒷면의 1가닥 실을 '코산'이라고 부릅니다.

13. 네트 칸을 6칸 더 떠 주세요. 6번째 네트 칸도 시작코의 코의 머리 반코와 코산을 함께 주워 뜹니다.

14. 1단의 마지막 네트 칸에서는 사슬뜨기 2코를 뜬 다음 긴뜨기를 뜹니다. 긴뜨기를 뜨기 위해 먼저 바늘에 실을 한 번 감아 주세요.

15. 1단의 첫 번째 코 짧은뜨기 자리로 들어가 실을 가져옵니다. 바늘에는 3가닥의 실이 걸려 있어야 합니다.

16. 실을 한 번 감아 줍니다.

17. 감아 준 실을 바늘에 걸린 3가닥의 실 사이로 빼냅니다. 바늘에는 1가닥의 실만 남아 있어야 합니다. 긴뜨기를 완성했습니다.

18. 사슬뜨기 1코로 2단의 기둥코를 만듭니다.

19. 바로 전 긴뜨기를 해 생긴 코에 짧은뜨기 1코를 뜹니다.

20. 편물을 시계 반대 방향으로 돌려 가며 떠 줍니다. 사슬뜨기 4코를 뜬 다음 첫 번째 네트 칸의 구멍으로 바늘을 넣어 실을 가져와 짧은뜨기를 뜹니다.

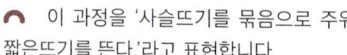
 이 과정을 '사슬뜨기를 묶음으로 주워 짧은뜨기를 뜬다.'라고 표현합니다.

21. 2단부터는 사슬뜨기 4코를 뜬 다음 네트 칸마다 사슬뜨기 중간을 묶음으로 주워 짧은뜨기를 뜹니다. 이와 같은 방법으로 다음 칸, 다음 칸으로 나아갑니다.

22. 2단 마지막 네트 칸도 1단과 같은 방법으로 마무리합니다. 사슬뜨기 2코를 뜬 다음 짧은뜨기 자리에 긴뜨기를 뜹니다. 각각의 단 마지막 네트 칸은 이렇게 마무리합니다.

23. 같은 방법으로 11단까지 뜹니다. 단수가 늘어날수록 시작코를 중심으로 높이가 생깁니다.

24. 같은 방법으로 12단을 시작해 사슬뜨기 2코를 뜬 다음 네트 칸마다 짧은뜨기 1코를 떠 줍니다.

25. 첫 번째 짧은뜨기 자리에 빼뜨기를 해 단의 시작과 끝을 이어 줍니다.

손잡이 만들기

26. 사슬뜨기 1코로 기둥코를 만들고 짧은뜨기 1코를 떠 13단을 시작합니다.

27. 사슬뜨기 16코로 손잡이를 만들어 주세요.

28. 네트 칸 3칸을 지나 12단 짧은뜨기 자리에 짧은뜨기 1코를 떠 손잡이를 이어 줍니다.

29. 네트 칸마다 2번의 짧은뜨기를 뜹니다. 12단에서 짧은뜨기를 뜬 곳에는 짧은뜨기 1코를 떠 주세요.

30. 네트 칸 4칸, 그 다음 짧은뜨기 1코까지 짧은뜨기를 뜹니다.

31. 반대쪽 손잡이도 같은 방법으로 떠 줍니다. 13단 마지막 네트 칸까지 짧은뜨기를 2코 떴다면 실을 10cm 정도 남기고 잘라 바늘에 걸린 고리를 쭉 빼냅니다.

실 정리

32. 빼낸 실을 돗바늘에 끼워 13단의 첫 번째 코 코의 머리 2가닥을 통과시킵니다.

33. 13단 마지막 코 반코만 걸어 뒤쪽으로 빼냅니다.

34. 실 1가닥을 2갈래로 나눕니다.

완성

35. 1가닥만 근처에 있는 다른 실 사이로 빼낸 뒤 2갈래의 실을 묶어 줍니다. 실 끝은 다른 실 사이로 통과시켜 숨깁니다. 밖으로 나온 실은 가위로 잘라 냅니다.

36. 플랫 네트백이 완성되었습니다.

망고백 Mango bag

마음을 사로잡는 상큼한 컬러와 우드 핸들 조합이 한여름에 잘 어울리는 망고백입니다. 초보자도 쉽게 뜰 수 있기 때문에 가방에 어울리는 핸들만 잘 고른다면 시간 대비 이만큼 완성도 높은 뜨개 가방도 없답니다. 36합의 면사로 가볍게 들 수 있는 작은 네트백을 만들어 봅니다.

LEVEL	◆◆◇◇◇
READY	기법 / 사슬뜨기, 짧은뜨기, 긴뜨기
	실 / 면사 라임색 36합 160g
	바늘 / 모사용 코바늘 8호(5mm), 돗바늘
	부재료 / 원형 우드 핸들 바깥 지름 10.5cm
SIZE	20×34.5cm(손잡이 포함 높이)
WEIGHT	200g

Pattern

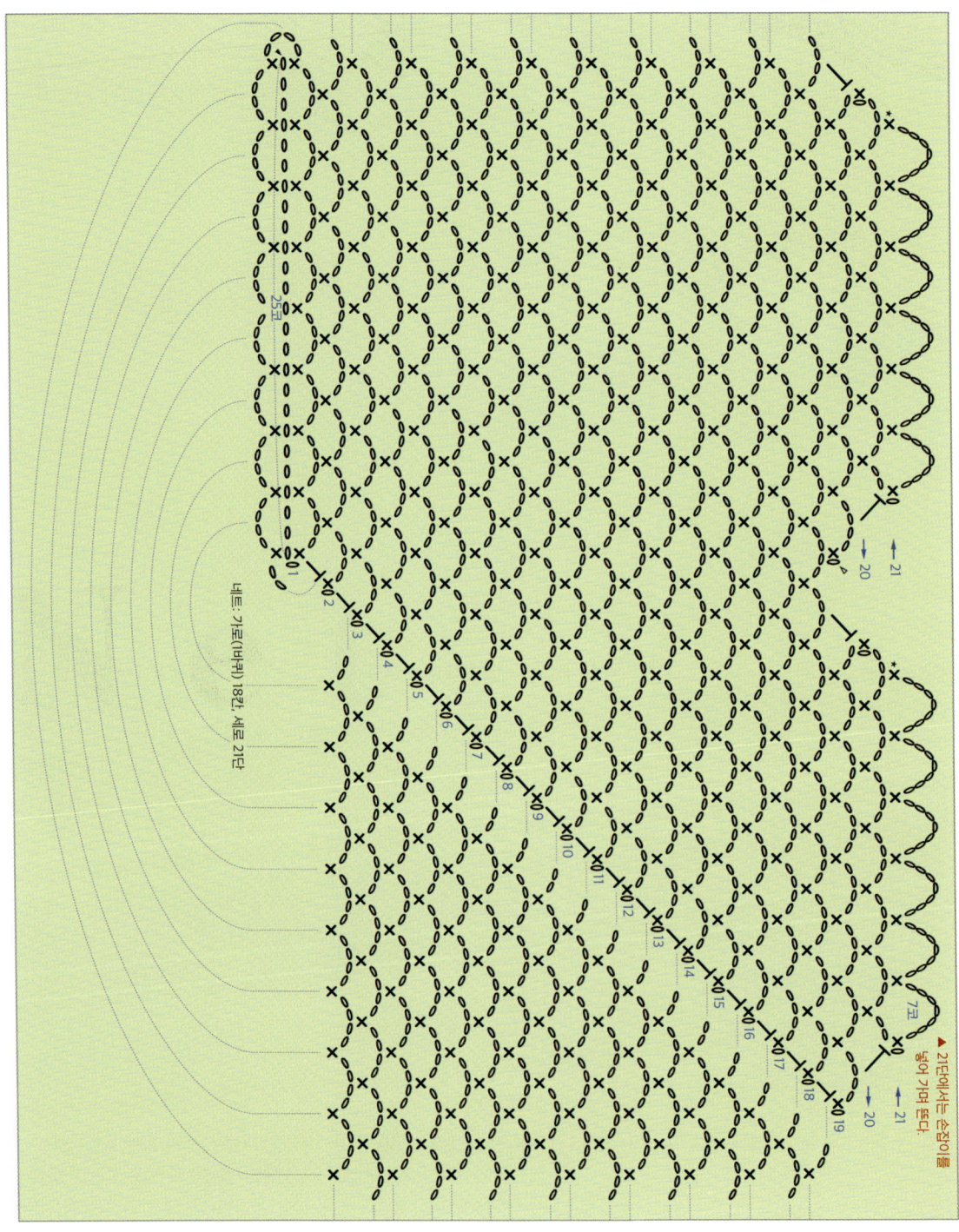

Net bag

구분	단수	코수	실 컬러
손잡이 연결	21	6칸	
네트	20	7칸	
	19	8칸	
	1~18	18칸(네트 칸)	
밑바닥	시작코	25	

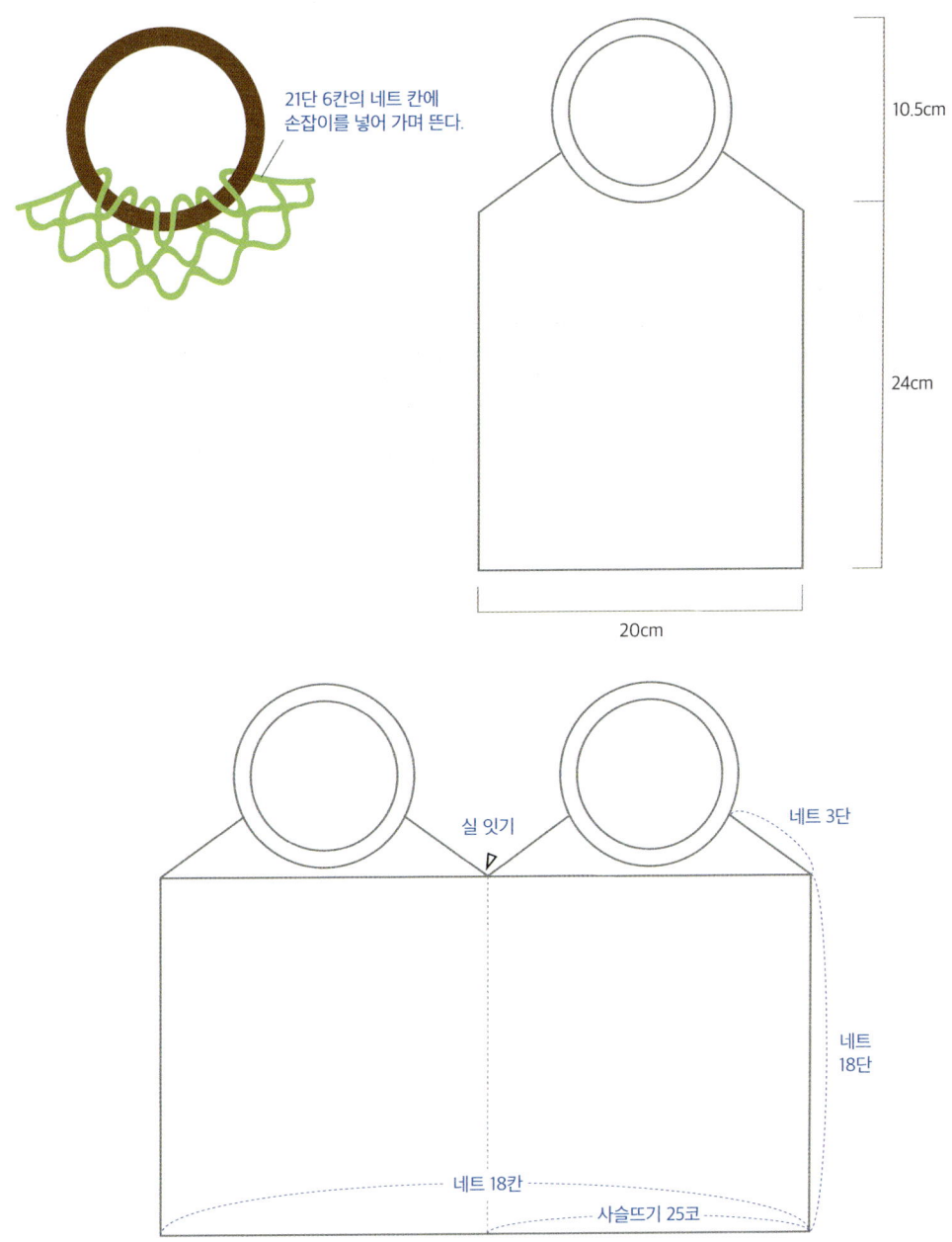

How to

시작코 만들기

1. 사슬뜨기 26코로 시작코를 만듭니다.

◠ 25코까지는 시작코, 26코는 1단의 기둥코가 됩니다.

◠ 058쪽 플랫 네트백 시작코 만들기 1~7

네트 만들기

2. 바늘에서부터 두 번째 코의 반코만 주워 짧은뜨기 1코를 뜹니다.

3. 사슬뜨기 4코를 뜬 다음 시작코 2코를 건너뛰고 세 번째 시작코에서 짧은뜨기를 뜹니다.

4. 3을 반복해 시작코 끝까지 떠 주세요. '사슬뜨기 4코 - 2코 건너뛰기 - 짧은뜨기 1코' 순서로 뜨면 총 8칸의 네트 칸이 나옵니다.

5. 시작코를 기준으로 돌아가며 네트 칸을 뜹니다. 편물을 시계 반대 방향으로 돌려 사슬뜨기 4코를 뜬 뒤 마지막 짧은뜨기를 떠 주었던 시작코의 남은 반코와 뒷면의 코산을 함께 주워 짧은뜨기를 뜹니다.

6. 네트 칸을 8칸 더 떠 주세요.

7. 1단의 마지막 네트 칸에서는 사슬뜨기 2코를 뜬 다음 1단의 첫 번째 코 짧은뜨기 자리에 긴뜨기를 뜹니다.

8. 사슬뜨기 1코로 2단의 기둥코를 뜬 다음 바로 전 긴뜨기를 해 생긴 코에 짧은뜨기 1코를 뜹니다.

9. 2단부터는 사슬뜨기 4코를 뜬 다음 네트 칸마다 사슬뜨기 중간을 묶음으로 주워 짧은뜨기를 뜹니다. 이와 같은 방법으로 다음 칸, 다음 칸으로 나아갑니다.

10. 2단 마지막 네트 칸도 1단과 같은 방법으로 마무리합니다. 사슬뜨기 2코를 뜬 다음 1단 짧은뜨기 자리에 긴뜨기를 뜹니다. 각각의 단 마지막 네트 칸은 이렇게 마무리합니다.

11. 같은 방법으로 18단까지 뜹니다. 단수가 늘어날수록 시작코를 중심으로 높이가 생깁니다.

12. 같은 방법으로 19단을 시작해 네트 칸을 8칸 만들어 줍니다. 마지막 8번째 네트 칸은 사슬뜨기 2코, 긴뜨기 1코로 뜹니다.

13. 편물을 뒤집어 같은 방법으로 20단을 뜹니다. 20단에서는 네트 칸을 7칸 만들어 줍니다.

우드 핸들 연결하기

14. 다시 편물을 뒤집어 21단을 시작합니다. 사슬뜨기 7코를 떠 주세요.

15. 원형 우드 핸들을 사슬뜨기 위에 올려놓습니다. 사슬뜨기 중간을 묶음으로 주워 짧은뜨기로 가방에 연결할 거예요. 짧은뜨기를 떠야 할 20단의 네트를 손잡이 안에서 밖으로 살짝 꺼내 줍니다.

16. 짧은뜨기 1코를 떠 네트 칸 안에 우드 핸들을 넣어 줍니다. 이때 이어진 긴 실은 손잡이 위에 두고 뜹니다.

17. 사슬뜨기 7코를 뜬 다음 짧은뜨기를 떠야 할 20단의 네트를 손잡이 바깥쪽에서 꺼내 줍니다.

18. 짧은뜨기 1코를 떠 네트 칸 안에 우드 핸들을 넣어 줍니다.

19. 15~18과 같은 방법으로 한 번은 손잡이 안에서 짧은뜨기를, 한 번은 손잡이 밖에서 짧은뜨기를 떠 네트 칸을 6칸 뜹니다. 실은 10cm 정도 여유 있게 잘라 안쪽에서 정리합니다.

20. 한쪽 손잡이를 연결한 모습입니다.

21. 도안에서 위치를 확인해 반대편에 새로운 실을 이어 줍니다. 이어 준 실로 사슬뜨기 중간을 묶음으로 주워 짧은뜨기 1코를 뜹니다. 반대쪽과 동일한 방법으로 19~21단까지 떠 손잡이를 연결합니다.

완성

22. 망고백이 완성되었습니다.

미니 리본 네트백 Mini ribbon net bag

미니 버전 네트백입니다. 리본으로 만든 어깨끈이 귀여운 느낌을 줍니다. 앙증맞은 사이즈의 가방으로 간단한 소지품을 넣고 다니기 좋아요. 데일리 백으로도 좋지만 휴양지에서 매력이 더욱 커지는 가방입니다.

LEVEL	◆◆◇◇◇
READY	기법 / 사슬뜨기, 빼뜨기, 짧은뜨기, 짧은뜨기 2코 늘려뜨기, 한길긴뜨기
	실 / 면사 연한 카키색 24합 100g
	바늘 / 모사용 코바늘 7호(4mm), 돗바늘
	부재료 / 리본 110cm 2개(폭 2.5cm)
SIZE	18×70~80cm(어깨끈 포함 높이)
WEIGHT	100g

Pattern

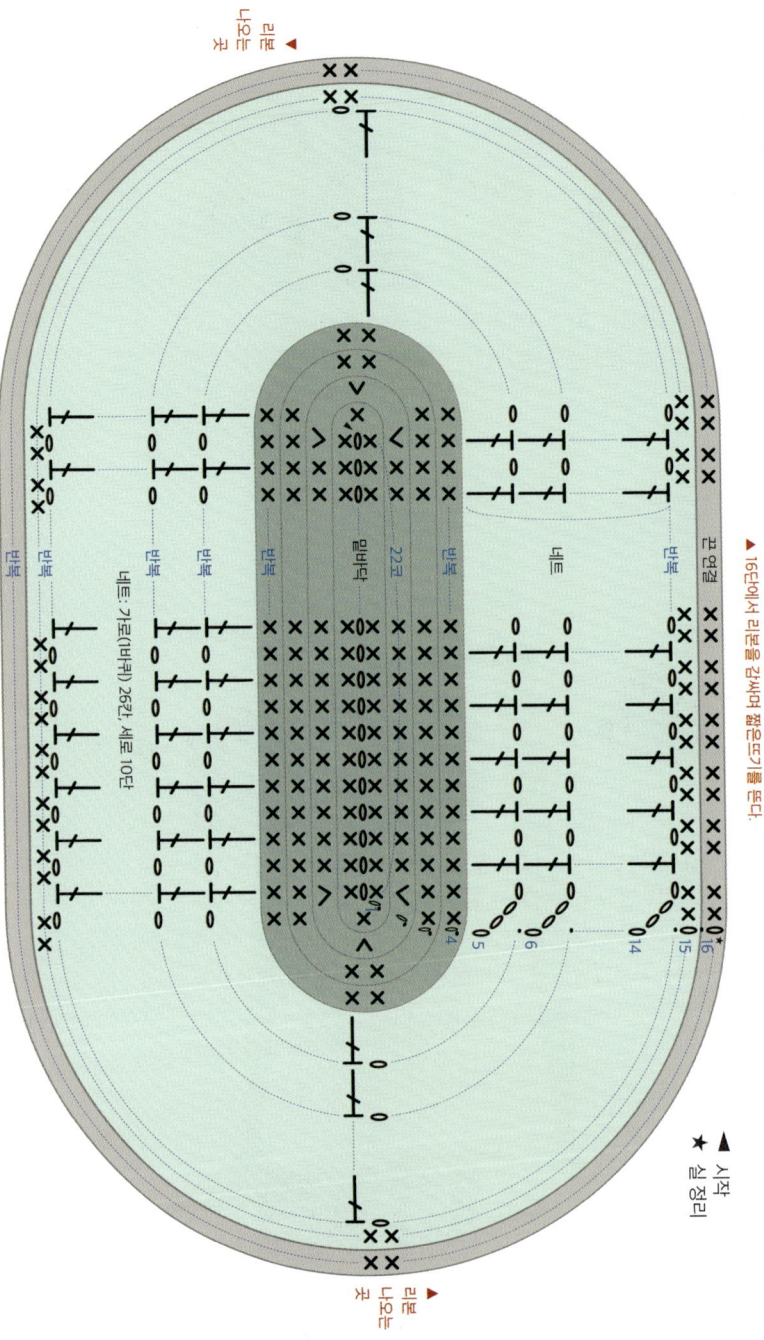

구분	단수	코수	코 증감	실 컬러
마무리	16	58	증감 없음	
	15	58		
네트	5~14	26칸(네트 칸)		
밑바닥	3~4	58	+6코	
	2	52	+6코	
	1	46		
	시작코	22		

Net bag

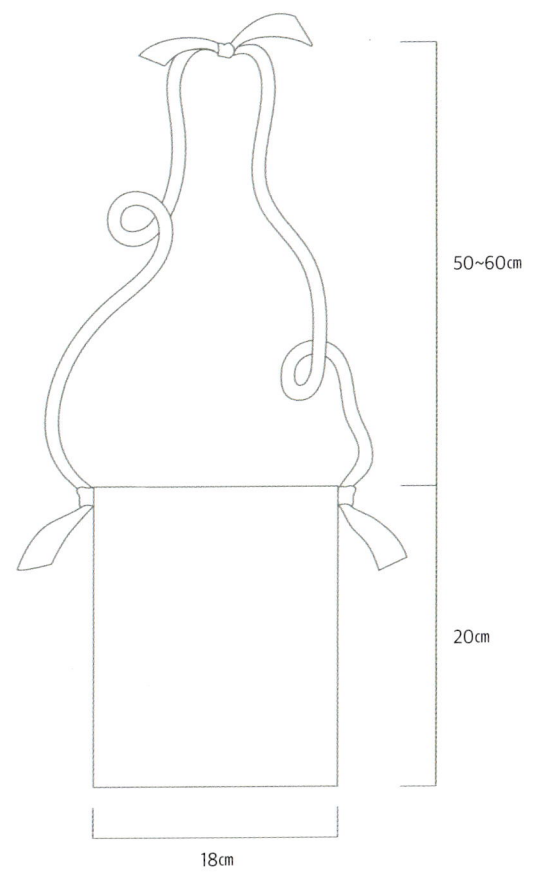

50~60cm

20cm

18cm

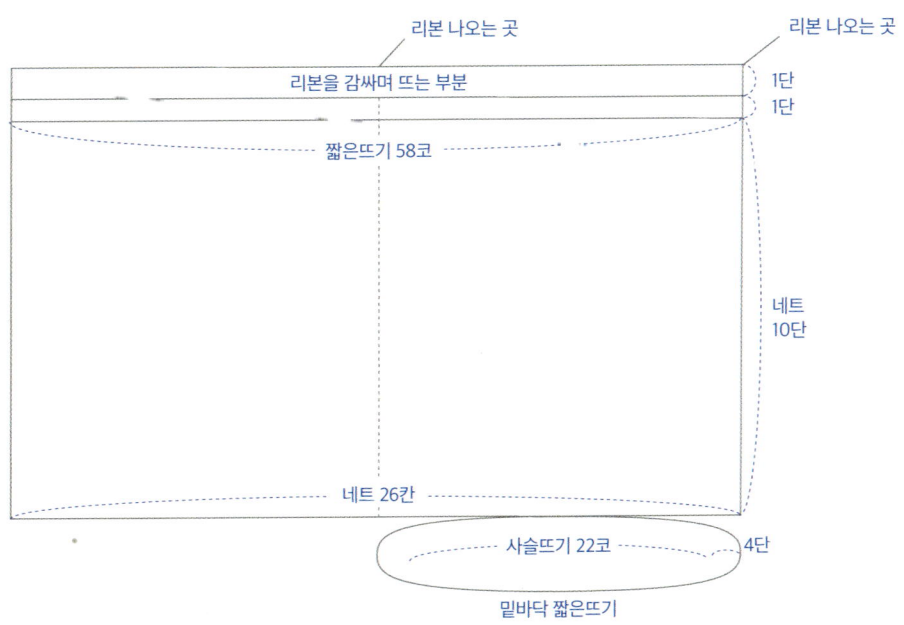

리본 나오는 곳   리본 나오는 곳
리본을 감싸며 뜨는 부분   1단
1단
짧은뜨기 58코
네트 10단
네트 26칸
사슬뜨기 22코   4단
밑바닥 짧은뜨기

How to

밑바닥 만들기

1. 사슬뜨기 23코로 시작코를 만듭니다.

◠ 22코까지는 시작코, 23코는 1단의 기둥코가 됩니다.

2. 바늘에서부터 두 번째 코의 반코만 주워 짧은뜨기 1코를 뜹니다.

3. 시작코 끝까지 짧은뜨기를 떠 주세요.

4. 편물을 시계 반대 방향으로 돌려주세요. 3에서 마지막 짧은뜨기를 뜬 곳의 반코와 코산을 함께 주워 짧은뜨기 2코 늘려뜨기를 합니다. 시작코 마지막 코에는 총 3번의 짧은뜨기가 되어 있어야 합니다.

5. 끝까지 짧은뜨기를 뜨고 마지막 코에는 짧은뜨기 2코 늘려뜨기를 합니다.

6. 빼뜨기로 1단을 마무리하고 사슬뜨기로 기둥코를 세워 2단을 시작합니다.

◠ 각각의 단은 빼뜨기로 마무리하고, 단을 시작할 때는 사슬뜨기 1코로 기둥코를 세웁니다.

7. 1단의 첫 번째 코에 짧은뜨기 2코 늘려뜨기를 합니다.

8. 짧은뜨기 20코를 뜹니다.

9. 끝의 둥근 부분 3코에는 짧은뜨기 2코 늘려뜨기를 합니다.

10. 짧은뜨기 20코를 뜹니다.

11. 마지막 2코에는 짧은뜨기 2코 늘려뜨기를 해 주세요.

네트 만들기

12. 빼뜨기로 2단을 마무리하고 사슬뜨기로 기둥코를 세워 3단을 시작합니다.

13. 3~4단은 코수 증가 없이 1코에 1번씩 짧은뜨기를 뜹니다. 약간의 높이가 생깁니다. 이때도 단의 시작과 끝에 사슬뜨기로 기둥코를 만들고 빼뜨기를 해줍니다.

14. 사슬뜨기 4코로 기둥코를 세워 5단을 시작합니다.

15. 1코 건너뛰고 두 번째 코에 한길긴뜨기를 뜹니다.

16. 사슬뜨기 1코를 떠 주세요.

17. 15~16을 반복해 네트 칸을 만듭니다. '사슬뜨기 1코 - 1코 건너뛰기 - 한길긴뜨기 1코'를 반복해 주세요.

18. 5단의 마지막에서 사슬뜨기 1코를 뜬 다음 첫 번째 네트 칸을 묶음으로 주워 빼뜨기를 합니다.

19. 빼뜨기로 네트 칸의 처음과 끝을 이어 준 모습입니다.

20. 사슬뜨기 4코로 기둥코를 세워 6단을 시작합니다.

21. 14~19를 반복해 14단까지 네트 칸을 만들어 줍니다.

22. 사슬뜨기 1코로 기둥코를 세워 15단을 시작합니다. 네트 칸을 묶음으로 주워 1칸에 짧은뜨기 2코를 뜹니다.

23. 네트 칸마다 짧은뜨기를 2코 떠 준 모습입니다.

리본 연결하기

24. 왼손으로 리본을 잡으며 시작합니다. 왼손에 건 실 위에 2개의 리본을 둡니다. 왼쪽에 각각 40cm, 60cm를 남기고 리본을 잡아 줍니다. 이때 바늘은 리본 위로 올라옵니다.

25. 리본 뒤의 실을 가져와 사슬뜨기 1코로 기둥코를 세웁니다. 리본을 감싼 실이 빡빡하지 않도록 넉넉하게 떠 줍니다.

26. 짧은뜨기 1코를 뜬 모습입니다. 짧은뜨기를 뜰 때 리본 뒤에서 실을 가져와 리본을 감싸듯 뜹니다.

27. 짧은뜨기 26코를 떠 준 앞면 모습입니다.

28. 편물을 뒤집어 주세요. 오른쪽에 남겨 둔 리본 중 긴 쪽을 왼쪽으로, 왼쪽에 남겨 둔 리본 중 긴 쪽을 오른쪽으로 넘겨 서로 교차되도록 만듭니다.

29. 오른쪽에 남겨 둔 리본 끝부분을 가방 바깥쪽으로 빼고 27과 같은 방법으로 짧은뜨기를 뜹니다.

실 정리

30. 짧은뜨기를 끝까지 뜬 모습입니다. 양쪽에 리본의 짧은 끝부분과 긴 끝부분이 2가닥씩 나와 있어야 합니다.

31. 10cm 정도 남기고 실을 잘라 바늘에 걸린 고리를 쭉 빼냅니다. 빼낸 실을 돗바늘에 끼워 첫 번째 코 코의 머리 2가닥을 통과시킵니다. 마지막 코의 반코만 걸어 가방 안쪽으로 빼내 실을 정리합니다.

 061쪽 플랫 네트백 실 정리 31~35

32. 양쪽의 리본을 묶어 줍니다. 짧은 리본이 아래로 향하게 묶어 주세요. 긴 리본 2가닥도 함께 묶어 어깨끈을 이어 줍니다.

완성

33. 미니 리본 네트백이 완성되었습니다.

비건 네트백 Vegan net bag

리넨 소재의 실로 만드는 미니 네트백입니다. 속이 훤히 보이는 네트백의 특성과 잘 맞는 내추럴한 소재를 사용했기 때문에 한여름과 잘 어울립니다. 사슬뜨기, 짧은뜨기, 한길긴뜨기를 익혔다면 이 가방을 만들며 세길긴뜨기를 배워 봅시다.

LEVEL	◆◆◇◇◇
READY	기법 / 사슬뜨기, 빼뜨기, 짧은뜨기, 짧은뜨기 2코 늘려뜨기, 세길긴뜨기 실 / 리넨사 코코아색 110g(2볼) 바늘 / 모사용 코바늘 5호(3mm), 돗바늘
SIZE	20×60~80cm(어깨끈 포함 높이)
WEIGHT	110g

Pattern

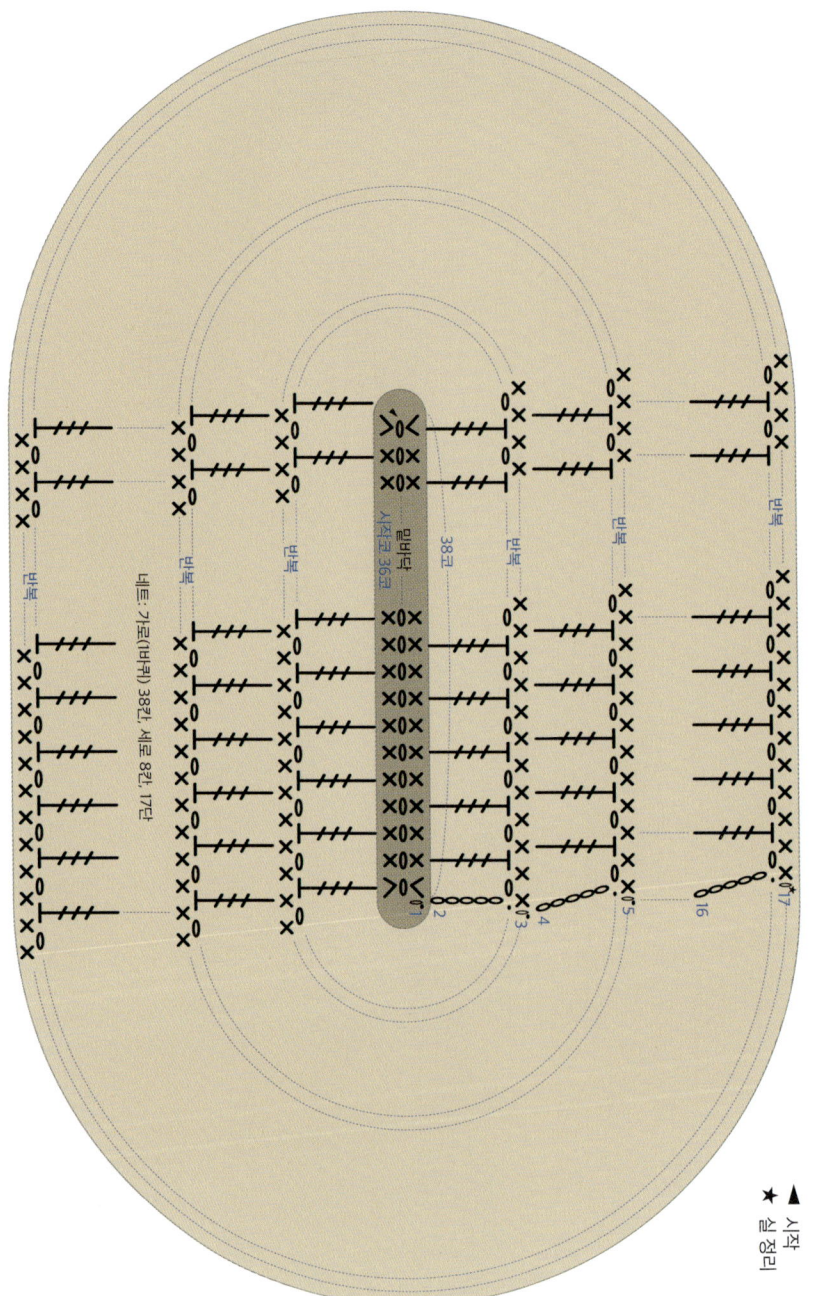

구분	단수	코수	실 컬러
네트	2~17	38칸(짝수 단: 네트 칸)	
		76(홀수 단: 짧은뜨기)	
밑바닥	1	76	
	시작코	36	

Net bag

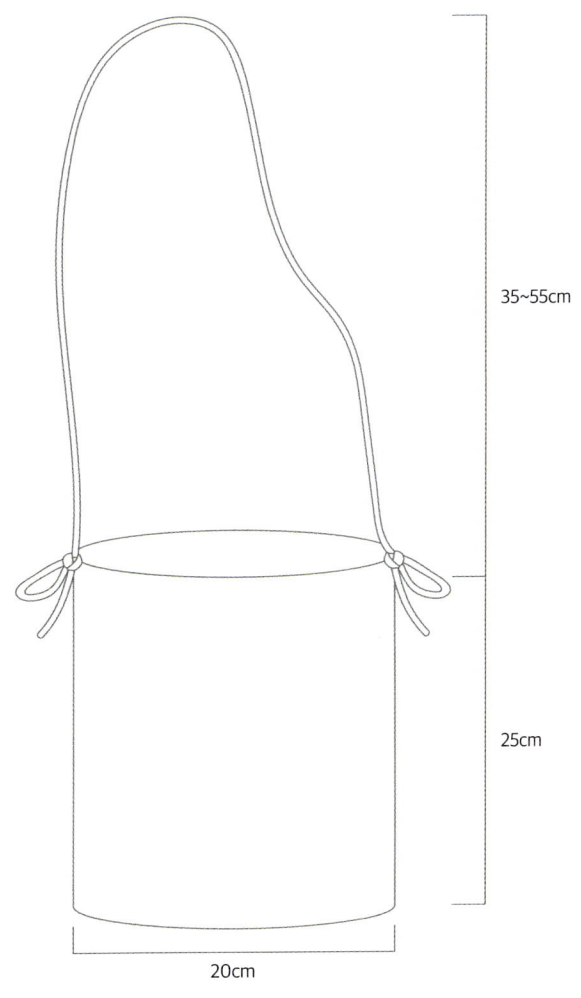

35~55cm

25cm

20cm

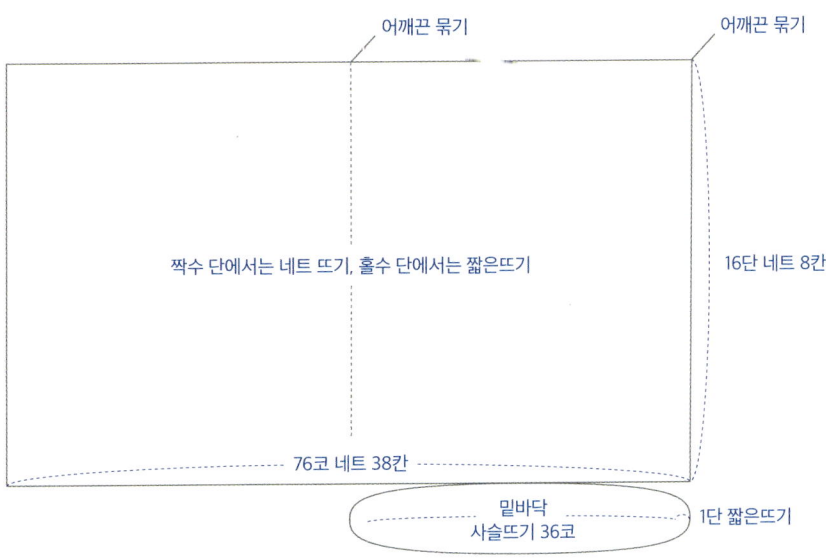

어깨끈 묶기   어깨끈 묶기

짝수 단에서는 네트 뜨기, 홀수 단에서는 짧은뜨기   16단 네트 8칸

76코 네트 38칸

밑바닥
사슬뜨기 36코   1단 짧은뜨기

How to

밑바닥 만들기

1. 사슬뜨기 37코로 시작코를 만듭니다.

◠ 36코까지는 시작코, 37코는 1단의 기둥코가 됩니다.

2. 바늘에서부터 두 번째 코의 반코만 주워 짧은뜨기 2코 늘려뜨기를 뜹니다.

3. 시작코 끝까지 짧은뜨기를 떠 주세요. 마지막 코에는 짧은뜨기 2코 늘려뜨기를 합니다.

4. 편물을 시계 반대 방향으로 돌려 주세요. 3에서 마지막 짧은뜨기 2코 늘려뜨기를 뜬 곳의 반코와 코산을 함께 주워 짧은뜨기 2코 늘려뜨기를 합니다. 시작코 마지막 코에는 총 4번의 짧은뜨기가 되어 있어야 합니다.

5. 끝까지 짧은뜨기를 뜨고 마지막 코에는 짧은뜨기 2코 늘려뜨기를 합니다.

네트 만들기

6. 빼뜨기로 1단을 마무리하고 사슬뜨기 6코로 기둥코를 세워 2단을 시작합니다.

◠ 각각의 단은 빼뜨기로 마무리하고, 단을 시작할 때는 사슬뜨기 1코로 기둥코를 세웁니다.

7. 세길긴뜨기를 뜨기 위해 먼저 바늘에 실을 3번 감아 줍니다.

8. 첫 번째 코는 뜨지 않고 1코 건너뛴 세 번째 코에 바늘을 넣고 실을 가져옵니다. 바늘에는 5가닥의 실이 걸려 있어야 합니다.

9. 실을 한 번 감아 바늘에 걸린 2가닥의 실 사이로 빼냅니다. 바늘에는 4가닥의 실이 걸려 있어야 합니다.

10. 실을 한 번 감아 바늘에 걸린 2가닥의 실 사이로 빼내는 과정을 반복합니다. 마지막 1가닥의 실이 남을 때까지 반복해 세길긴뜨기를 완성합니다.

11. '사슬뜨기 1코 - 1코 건너뛰기 - 세길긴뜨기 1코'를 반복해 마지막 1코가 남을 때까지 뜹니다. 총 37칸의 네트 칸이 나와야 합니다.

12. 사슬뜨기 1코를 뜬 다음 첫 번째 네트 칸을 묶음으로 주워 빼뜨기를 뜨며 2단을 마무리합니다. 총 38칸의 네트 칸이 완성되었습니다.

13. 사슬뜨기 1코로 3단의 기둥코를 세운 다음 네트 칸마다 짧은뜨기 2코를 떠 넣습니다. 사슬뜨기를 묶음으로 주워 떠주세요.

14. 빼뜨기로 3단을 마무리한 다음 사슬뜨기 6코로 기둥코를 세워 4단을 시작합니다. 실을 3번 감아 세길긴뜨기를 시작합니다.

15. 세길긴뜨기로 4단의 첫 번째 네트 칸을 만들어 준 모습입니다.

16. 같은 방법으로 17단까지 뜬 모습입니다. 짝수 단에서는 세길긴뜨기를, 홀수 단에서는 짧은뜨기를 뜹니다. 마지막 코까지 뜨고 실을 정리합니다.

061쪽 플랫 네트백 실 정리 31~35

어깨끈 만들기

 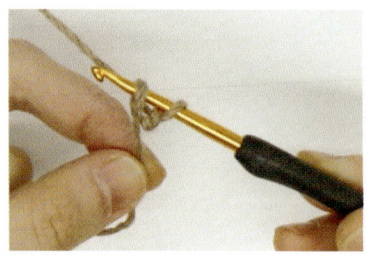 

17. 원하는 어깨끈 길이의 4배 정도 되는 실을 아래쪽에 남겨 두고 시작코 1코를 만듭니다. 이 책에서는 실 끝을 400cm 정도 남겨 두었어요.

18. 아래쪽에 남겨 둔 실을 바늘에 감아 줍니다. 이때 앞에서 뒤로 감아 주세요.

19. 실이 흔들리지 않도록 엄지와 중지로 아랫부분의 실을 잡아 줍니다.

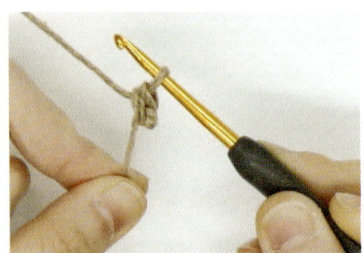  

20. 검지에 걸린 실을 휘감아 바늘에 걸린 2가닥의 실 사이로 빼 1코를 완성합니다.

21. 18~20을 반복해 원하는 길이만큼 뜹니다. 이 책에서는 100cm를 떴습니다.

22. 완성된 어깨끈을 가방 안쪽에서 네트 칸 밖으로 빼내 묶어 줍니다.

완성

23. 비건 네트백이 완성되었습니다.

원 숄더 네트백 One shoulder net bag

봄이 오기 전에 만들어 두면 두 계절 동안 요긴하게 사용할 수 있는 네트백입니다. 60합의 굵은 면사를 사용해 내추럴하고 러프한 느낌을 주는 디자인입니다. 어깨끈 길이 조절이 쉬운 가방으로 크로스백, 숄더백, 토트백 세 가지 가방으로 멜 수 있습니다. 굵은 실을 사용하는 만큼 비교적 짧은 시간에 완성할 수 있어 소중한 사람에게 선물하기 좋아요.

LEVEL	◆◆◇◇◇
READY	기법 / 사슬뜨기, 빼뜨기, 짧은뜨기, 짧은뜨기 2코 늘려뜨기, 한길긴뜨기, 7각 뜨기
	실 / 면사 아이보리색 60합 300g
	바늘 / 모사용 코바늘 10호(6mm), 돗바늘
SIZE	22×45~75cm(어깨끈 포함 높이)
WEIGHT	300g
TIP	네트백을 사용하다 보면 처짐이 발생합니다. 만들 때 조금 짧은 길이로 완성해야 네트가 늘어났을 때 예쁘게 착용할 수 있어요. 이 책에서는 처짐을 고려한 사이즈로 제작했습니다.

Pattern

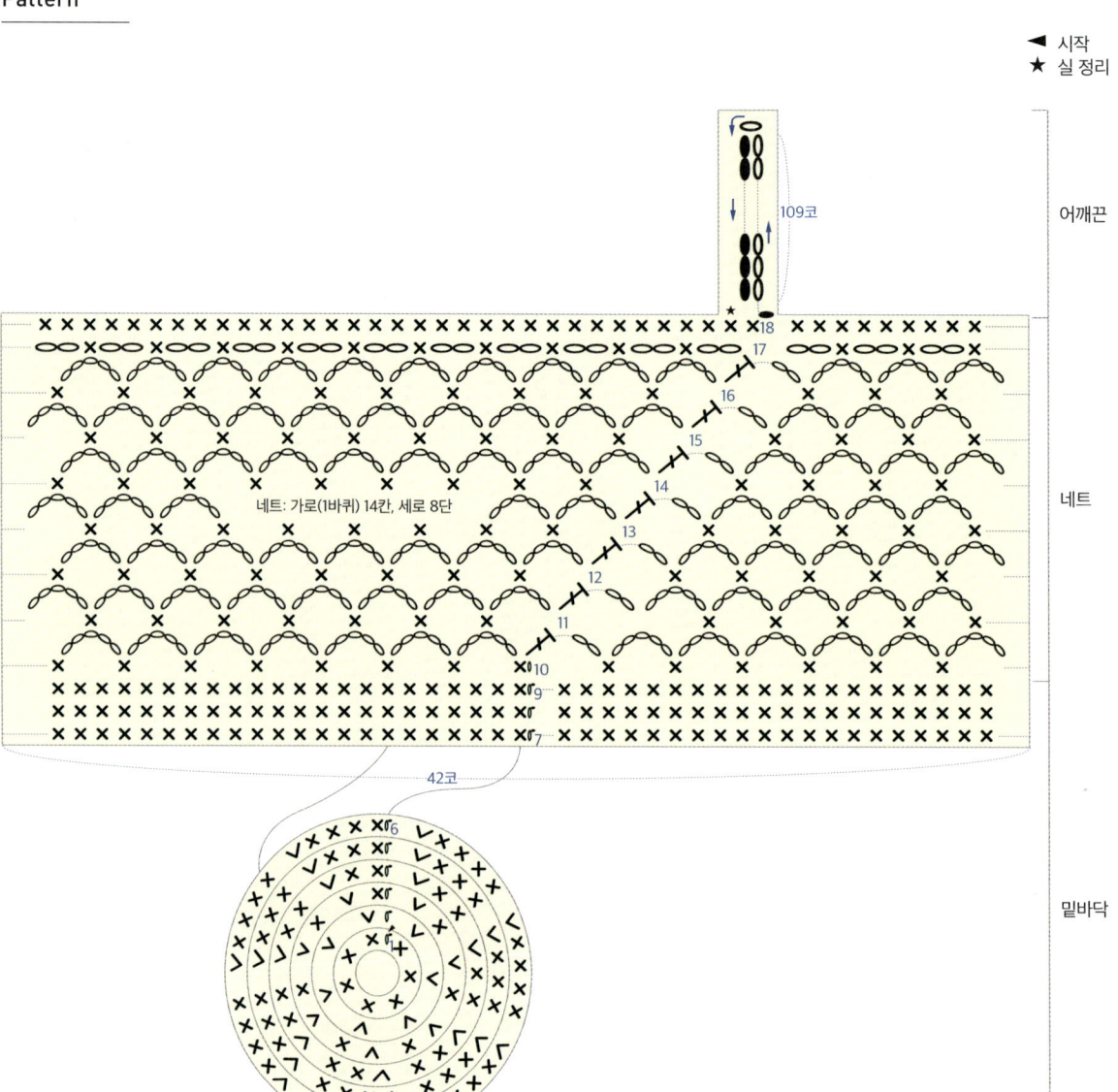

구분	단수	코수	코 증감	실 컬러
마무리	18	42		
네트	10~17	14칸(네트 칸)		
밑바닥	7~9	42	증감 없음	
	6	42	+7코	
	5	35		
	4	28		
	3	21		
	2	14		
	1	7		

Net bag

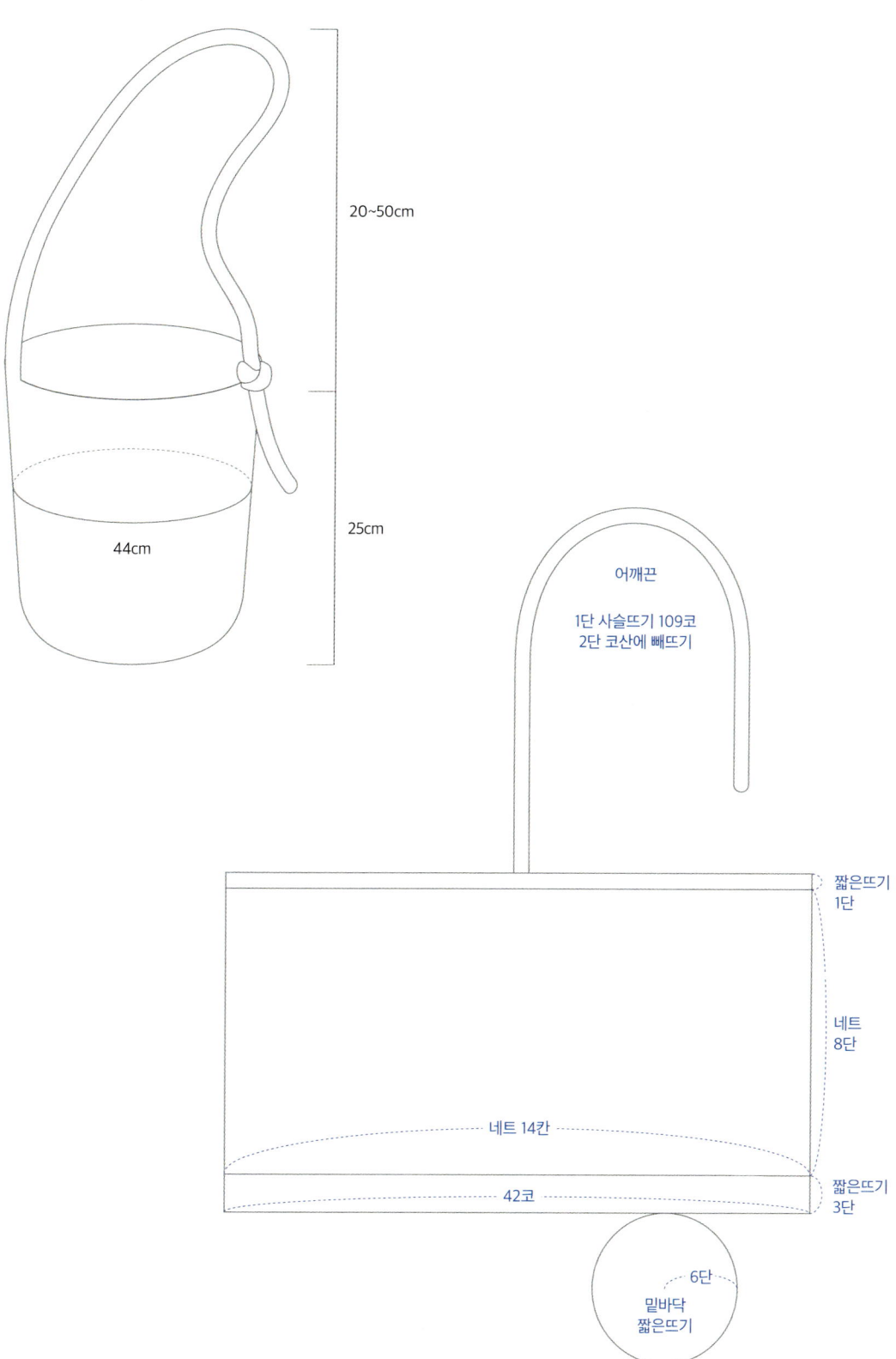

How to

밑바닥 만들기

1. 원형코에 짧은뜨기를 7코 떠 1단을 만듭니다.

◠ 042쪽 7각 뜨기

2. 빼뜨기를 합니다. 첫 번째 짧은뜨기의 코의 머리 2가닥을 주워 실을 한 번 감아 전부 빼냅니다.

3. 빼뜨기로 1단을 마무리한 모습입니다.

4. 사슬뜨기 1코를 떠 기둥코를 만들고 2단을 시작합니다.

◠ 각각의 단은 빼뜨기로 마무리하고, 단을 시작할 때는 사슬뜨기 1코로 기둥코를 세웁니다.

5. 빼뜨기를 해 준 첫 번째 코에 짧은뜨기 2코 늘려뜨기를 뜹니다.

6. 짧은뜨기 2코 늘려뜨기로 남은 6코를 뜹니다. 총 14코가 맞는지 확인합니다.

◠ 단마다 코수가 7의 배수로 증가합니다.

7. 3과 같은 방법으로 빼뜨기로 2단을 마무리합니다.

8. 사슬뜨기 1코로 기둥코를 세워 3단을 시작합니다.

9. 3단의 첫 번째 코에 짧은뜨기 1코를 뜹니다.

10. 두 번째 코에는 짧은뜨기 2코 늘려뜨기를 합니다.

11. 9~10을 반복해 1코 걸러 짧은뜨기 2코 늘려뜨기를 합니다. 총 21코가 맞는지 확인합니다.

12. 빼뜨기로 3단을 마무리하고 사슬뜨기 1코로 기둥코를 세워 4단을 시작합니다.

13. 4단에서는 2코 걸러 짧은뜨기 2코 늘려뜨기를 합니다. 총 28코가 맞는지 확인합니다.

14. 빼뜨기로 4단을 마무리한 다음 사슬뜨기 1코로 기둥코를 세워 5단을 시작합니다.

15. 5단에서는 3코 걸러 짧은뜨기 2코 늘려뜨기를 합니다. 총 35코가 맞는지 확인합니다.

16. 빼뜨기로 5단을 마무리하고 사슬뜨기 1코로 기둥코를 세워 6단을 시작합니다.

17. 6단에서는 4코 걸러 짧은뜨기 2코 늘려뜨기를 합니다. 총 42코가 맞는지 확인합니다.

네트 만들기

18. 빼뜨기로 6단을 마무리한 다음 사슬뜨기 1코로 기둥코를 세워 7단을 시작합니다.

19. 7~9단은 코수 증가 없이 1코에 1번씩 짧은뜨기를 뜹니다. 이때도 단의 시작과 끝에 사슬뜨기로 기둥코를 만들고 빼뜨기를 해 줍니다.

20. 사슬뜨기 1코, 짧은뜨기 1코를 떠 10단을 시작합니다.

21. 사슬뜨기 5코를 뜹니다.

22. 2코 건너뛰고 세 번째 코에 짧은뜨기 1코를 뜹니다.

23. '사슬뜨기 5코 - 2코 건너뛰기 - 짧은뜨기 1코'를 반복해 10단을 뜹니다.

24. 마지막 2코가 남아 있을 때 사슬뜨기 2코를 뜹니다.

25. 10단의 첫 코에 한길긴뜨기를 떠 줍니다. 한길긴뜨기를 뜨기 위해 먼저 바늘에 실을 한 번 감아 주세요.

26. 10단의 첫 번째 코 짧은뜨기 자리로 바늘을 넣어 실을 가져옵니다. 바늘에는 3가닥의 실이 걸려 있어야 합니다.

27. 실을 한 번 휘감아 줍니다.

28. 감아 준 실을 바늘에 걸린 2가닥의 실 사이로 빼냅니다.

29. 한 번 더 실을 휘감아 바늘에 걸린 2가닥의 실 사이로 빼냅니다. 바늘에는 1가닥의 실만 남아 있어야 합니다. 한길긴뜨기를 완성했습니다.

30. 사슬뜨기 5코를 떠 11단을 시작합니다.

31. 첫 번째 네트 칸을 묶음으로 주워 짧은뜨기 1코를 뜹니다.

32. 사슬뜨기 5코를 뜬 다음 네트 칸마다 사슬뜨기 중간을 묶음으로 주워 짧은뜨기를 뜹니다. 이와 같은 방법으로 다음 칸, 다음 칸으로 나아갑니다.

33. 각각의 단은 24~29를 반복해 한길긴뜨기로 마무리합니다. '사슬뜨기 2코 - 한길긴뜨기 1코' 순서입니다.

34. 16단까지 뜬 모습입니다.

35. 17단에서는 사슬뜨기 2코를 뜬 다음 네트 칸마다 짧은뜨기를 1코씩 뜹니다.

36. 16단 한길긴뜨기를 한 곳에 짧은뜨기 1코를 떠 18단을 시작합니다.

37. 네트 칸마다 2번의 짧은뜨기를 합니다. 17단 짧은뜨기를 한 곳에는 짧은뜨기 1코를 떠 줍니다.

38. 이와 같은 방법으로 1바퀴를 돌아 마지막 코에서 빼뜨기를 해 처음과 끝을 이어 줍니다.

어깨끈 만들기

39. 사슬뜨기 110코를 뜹니다.

⌒ 110코는 일반적인 어깨끈 길이입니다. 조절이 가능한 디자인이지만 가방을 주로 크로스로 멘다면 130코를 추천합니다.

40. 바늘에서부터 첫 번째 사슬코는 기둥코로 두고, 두 번째 사슬코부터 시작합니다. 두 번째 사슬뜨기 뒷면의 코산 1가닥만 주워 빼뜨기를 합니다.

41. 빼뜨기를 6코 뜬 모습입니다.

실 정리

42. 어깨끈 끝까지 빼뜨기를 뜬 모습입니다.

43. 10cm 정도 남기고 실을 잘라 바늘에 걸린 고리를 쭉 빼냅니다.

44. 빼낸 실을 돗바늘에 끼워 두 번째 짧은뜨기의 코의 머리 2가닥을 통과시킵니다.

45. 마지막 빼뜨기의 반코만 걸어 뒤쪽으로 빼냅니다.

46. 실 1가닥을 2갈래로 나눕니다.

47. 1가닥만 근처에 있는 다른 실 사이로 빼낸 뒤 2갈래의 실을 묶어 줍니다.

어깨끈 고정하기

48. 2갈래의 실을 돗바늘에 끼워 다른 실 사이로 통과시켜 숨깁니다. 밖으로 나온 실은 가위로 잘라 냅니다.

49. 완성된 어깨끈을 맞은편 네트 칸의 안에서 밖으로 빼냅니다.

50. 어깨끈의 끝부분이 아래로 향하도록 묶어 줍니다.

완성

51. 원 숄더 네트백이 완성되었습니다.

베이직 네트백 Basic net bag

가장 기본적인 디자인의 네트백입니다. 밑바닥과 어깨끈이 탄탄해 한여름 데일리 백으로 손색이 없어요. 큼직한 사이즈에 잘 어울리는 마사를 사용해 자연스러운 분위기의 네트백을 만들어 봅니다.

LEVEL	◆◆◆◇◇
READY	기법 / 사슬뜨기, 짧은뜨기, 짧은뜨기 2코 늘려뜨기, 긴뜨기, 8각 뜨기 실 / 마사 소라색 320g 바늘 / 모사용 코바늘 7호(4mm), 돗바늘
SIZE	44×65cm(어깨끈 포함 높이)
WEIGHT	320g

Pattern

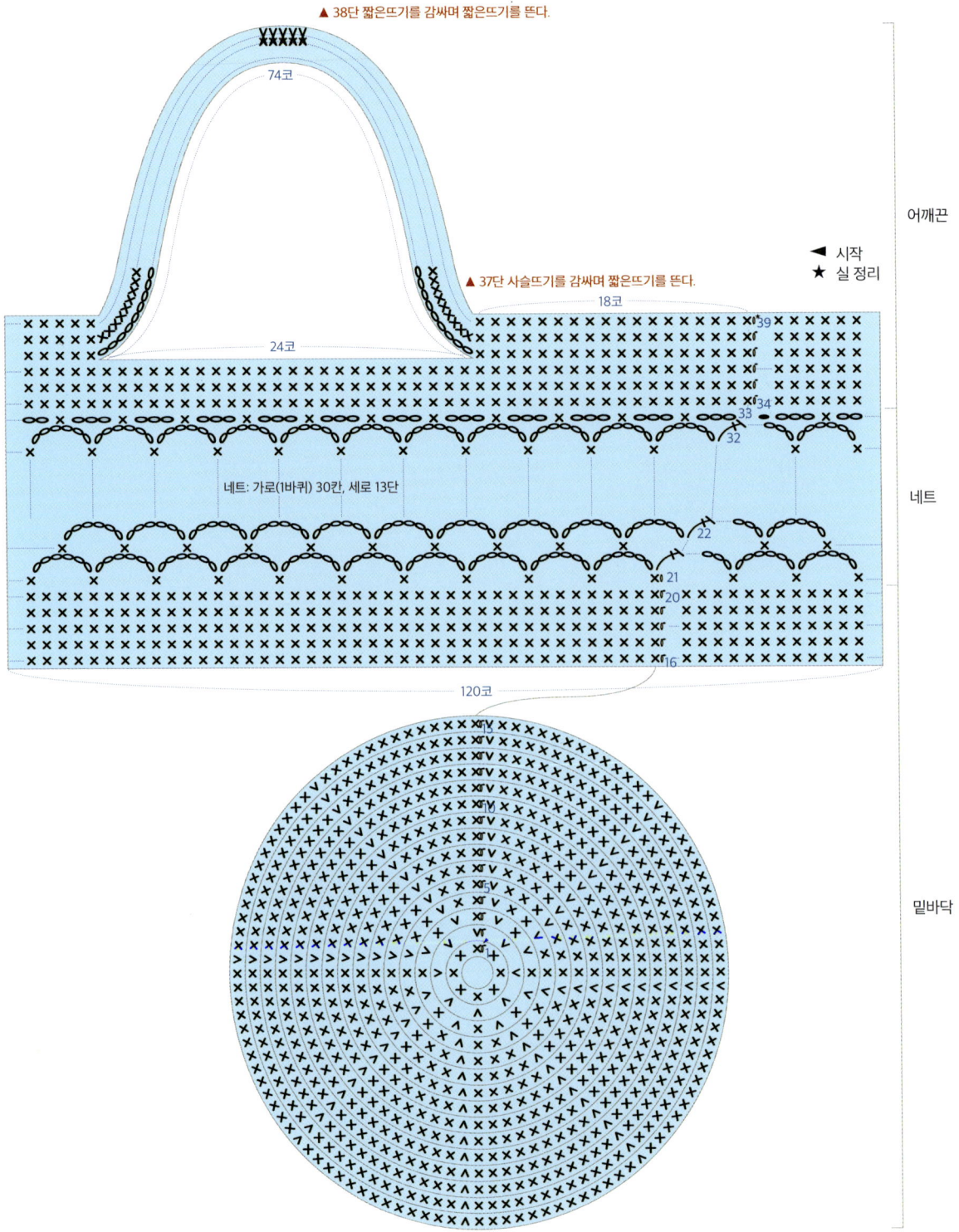

Net bag

구분	단수	코수	코 증감	실 컬러
손잡이	37~39	220	+100코	
	34~36	120	증감 없음	
네트	21~33	30칸(네트 칸)	증감 없음	
밑바닥	16~20	120	증감 없음	
	15	120		
	14	112		
	13	104		
	12	96		
	11	88		
	10	80		
	9	72		
	8	64	+8코	
	7	56		
	6	48		
	5	40		
	4	32		
	3	24		
	2	16		
	1	8		

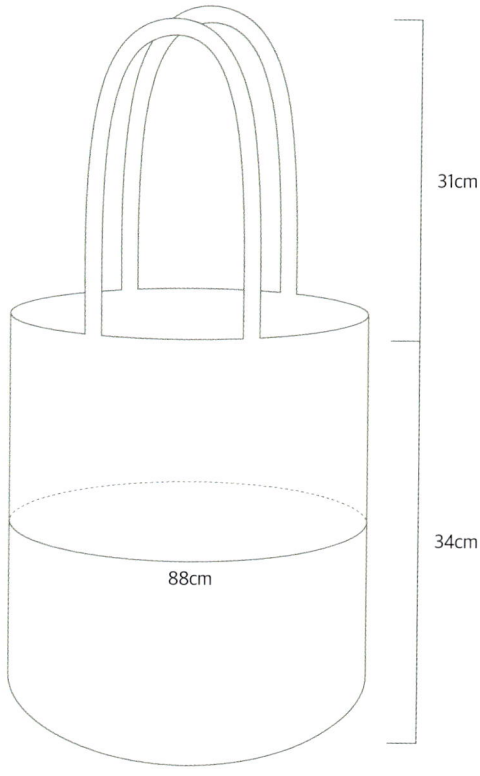

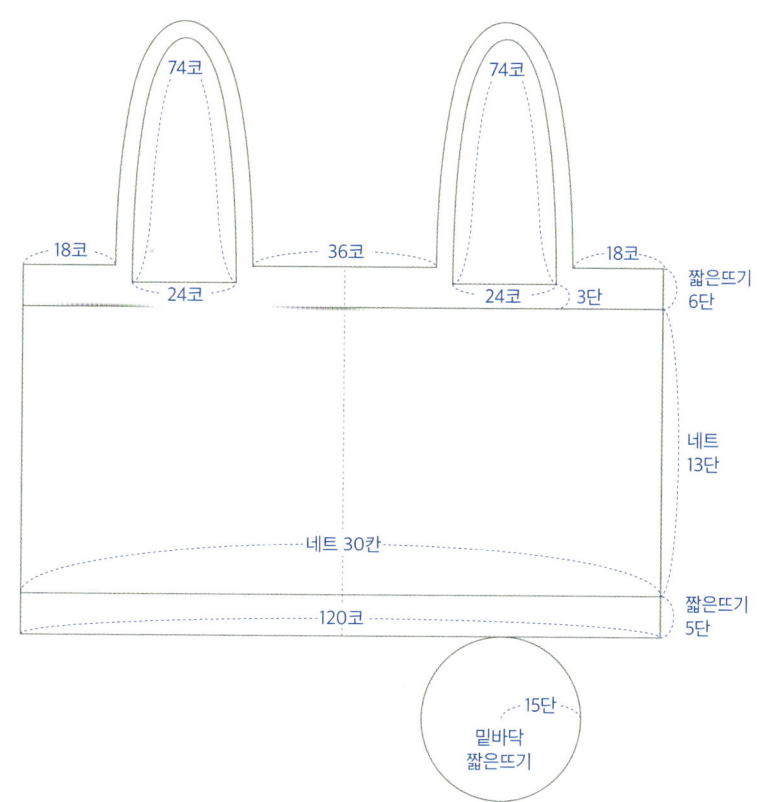

How to

밑바닥 만들기

1. 8각 뜨기를 참고해 15단까지 뜹니다. 15단의 전체 코수는 120코가 되어야 합니다.

↪ 043쪽 8각 뜨기

2. 16~20단은 코수 증가 없이 1코에 1번씩 짧은뜨기를 뜹니다. 이때도 단의 시작과 끝에 기둥코와 빼뜨기를 합니다.

네트 만들기

3. 20단의 첫 번째 코에 사슬뜨기 1코, 짧은뜨기 1코, 사슬뜨기 6코를 떠 21단을 시작합니다.

4. 3코를 건너뛰고 네 번째 코에 짧은뜨기 1코를 뜹니다.

5. '사슬뜨기 6코 - 3코 건너뛰기 - 짧은뜨기 1코'를 반복합니다. 20단의 마지막 3코가 남았을 때 사슬뜨기 3코를 뜬 다음 첫 코에 한길긴뜨기를 떠 21단을 마무리합니다.

6. 22단도 사슬뜨기 6코를 뜬 다음 네트 칸마다 사슬뜨기 중간을 묶음으로 주워 짧은뜨기를 뜹니다.

7. 마지막 네트 칸은 사슬뜨기 3코를 뜬 다음 21단에서 한길긴뜨기를 뜬 자리에 한길긴뜨기를 떠 줍니다. 22단이 마무리되었습니다.

8. 6~7을 반복해 32단까지 뜹니다.

↪ 더 큰 가방을 완성하고 싶다면 원하는 만큼 단수를 추가해 뜹니다.

9. 33단에서는 사슬뜨기 3코를 뜬 다음 네트 칸마다 짧은뜨기를 1코씩 떠 줍니다. 마지막 사슬뜨기 3코를 뜨고 32단 한길긴뜨기 자리에 빼뜨기로 이어 줍니다.

10. 기둥코를 세우고 32단 한길긴뜨기를 해 준 곳에 짧은뜨기 1코를 떠 34단을 시작합니다. 네트 칸마다 짧은뜨기 3코를, 33단 짧은뜨기를 뜬 자리에는 짧은뜨기 1코를 뜹니다.

11. 36단까지 짧은뜨기를 떠 주세요.

어깨끈 만들기

12. 37단에서는 '짧은뜨기 18코 - 사슬뜨기 74코 - 24코 건너뛰기 - 짧은뜨기'로 이어 어깨끈을 만듭니다.

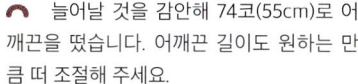 늘어날 것을 감안해 74코(55cm)로 어깨끈을 떴습니다. 어깨끈 길이도 원하는 만큼 떠 조절해 주세요.

13. 반대쪽 어깨끈도 만듭니다.

14. 38단에서 어깨끈의 사슬뜨기를 묶음으로 주워 짧은뜨기를 뜹니다.

15. 어깨끈 전체에 짧은뜨기를 뜬 모습입니다.

16. 39단에서 한 번 더 어깨끈을 짧은뜨기로 감싸 줍니다.

너무 촘촘하게 뜨면 어깨끈이 무거워질 수 있으니 적당한 간격을 유지하며 뜹니다.

17. 어깨끈을 완성한 모습입니다. 짧은뜨기를 한 번 했을 때보다 볼륨감이 생겼습니다.

실 정리

완성

18. 실을 10cm 정도 남기고 잘라 정리 합니다.

⌒ 061쪽 플랫 네트백 실 정리 31~35

19. 베이직 네트백이 완성되었습니다.

서클 피시백 Circle fish bag

전체가 네트인 서클 피시백은 이름 그대로 넓은 원형을 펼치며 만듭니다. 어부의 그물과 비슷한 디자인으로 스트랩을 어떻게 조절하느냐에 따라 토트백, 숄더백, 크로스백으로 사용할 수 있어요. 알아 두면 유용한 스트랩 활용 방법이 있으니 재미있게 만들어 보세요.

LEVEL	◆◆◆◆◇
READY	기법 / 사슬뜨기, 빼뜨기, 짧은뜨기, 한길긴뜨기, 되돌아 짧은뜨기
	실 / 면사 베이지색 18합 150g
	바늘 / 모사용 코바늘 5호(3mm), 돗바늘
	부재료 / 스트랩(굵기 1cm, 길이 180cm), 목공용 풀
SIZE	20×48~80cm(가방끈 포함 높이)
WEIGHT	180g

Pattern

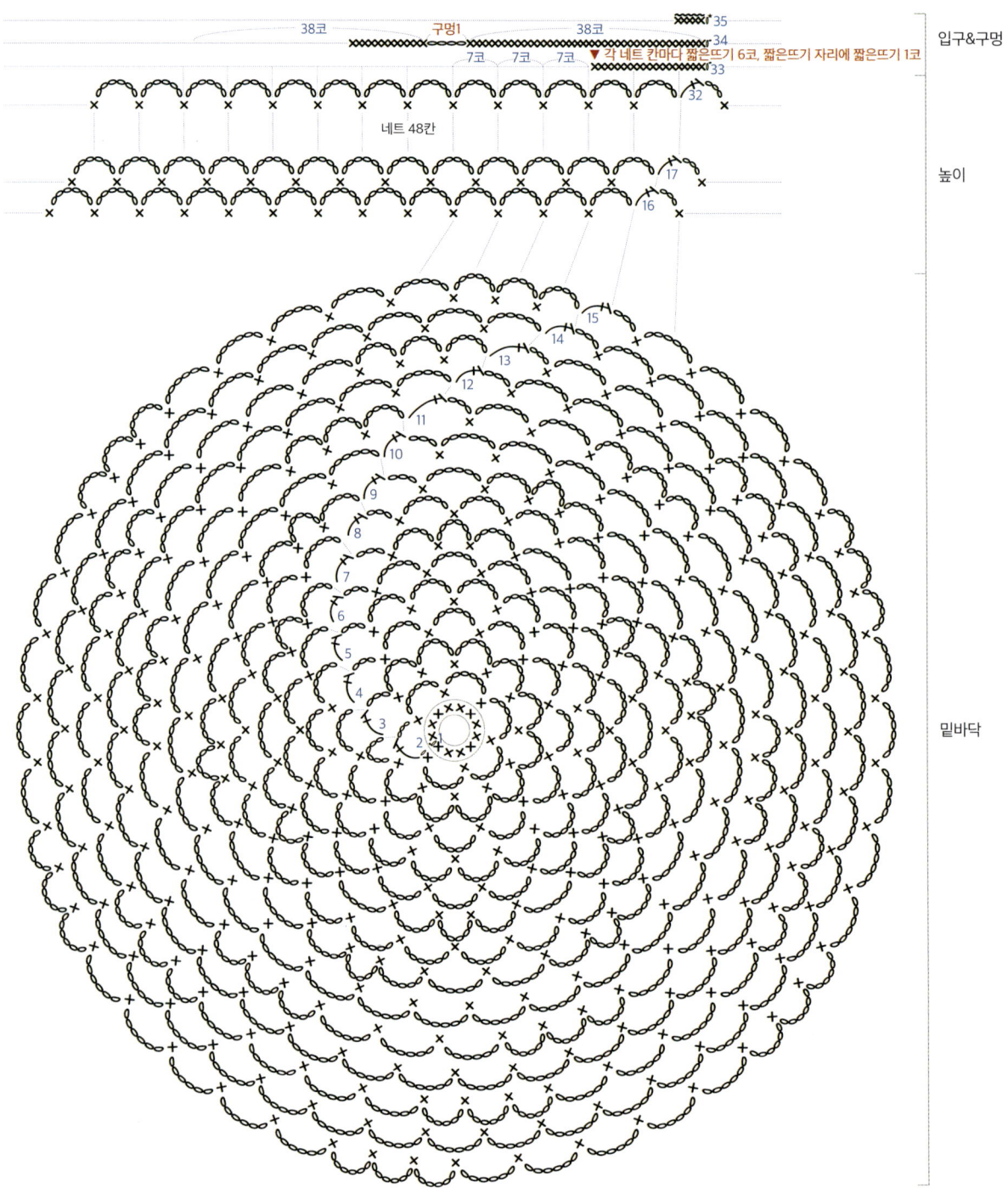

Net bag

구분	단수	코수	코 증감	실 컬러
입구	33~35	336		
높이	16~32	48칸	증감 없음	
밑바닥	15	48칸	+6칸	
	14	42칸	증감 없음	
	13	42칸	+6칸	
	12	36칸	증감 없음	
	11	36칸	+6칸	
	10	30칸	증감 없음	
	9	30칸	+6칸	
	8	24칸	증감 없음	
	7	24칸	+6칸	
	6	18칸	증감 없음	
	5	18칸	+6칸	
	4	12칸	증감 없음	
	3	12칸	+6칸	
	2	6칸(네트 칸)		
	1	12		

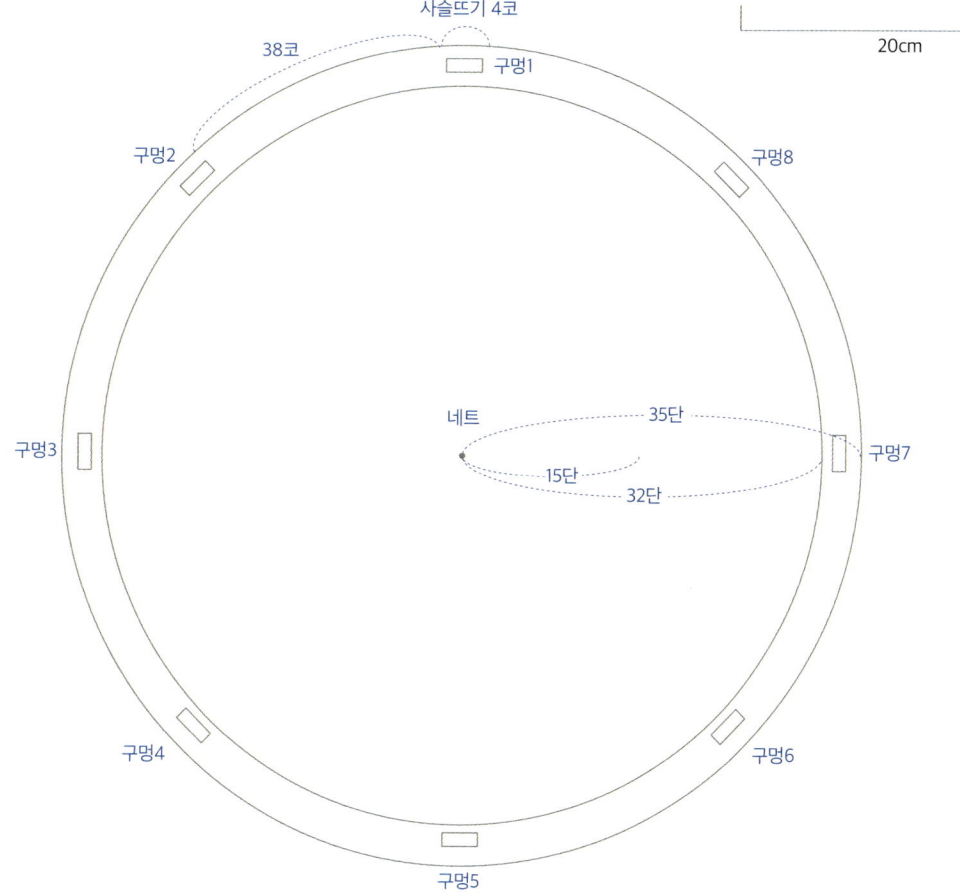

How to

밑바닥 시작하기

1. 원형뜨기 시작코를 만든 다음 짧은뜨기 12코를 떠 빼뜨기로 1단을 마무리합니다.

→ 037쪽 원형뜨기 시작코 만들기

바닥과 몸통 만들기

2. 사슬뜨기 1코로 기둥코를 만들고 짧은뜨기 1코를 떠 2단을 시작합니다.

3. 사슬뜨기 6코를 뜬 다음 1코 건너뛰고 짧은뜨기 1코를 뜹니다.

4. 3과 같은 방법으로 '사슬뜨기 6코 - 1코 걸러 짧은뜨기 1코'를 4번 더 반복합니다. 총 5칸의 네트 칸을 만들었습니다.

5. 사슬뜨기 3코를 뜬 다음 1코 걸러 첫 번째 짧은뜨기를 한 코에 한길긴뜨기 1코를 떠 2단을 마무리합니다. 2단에서는 총 6칸의 네트 칸을 만들었어요. 각각의 단 마지막 네트 칸은 이와 같이 사슬뜨기 3코, 한길긴뜨기 1코로 마무리합니다.

6. 3단에서는 사슬뜨기 6코를 뜬 다음 바로 아래에 있는 2단의 마지막 네트 칸을 묶음으로 주워 짧은뜨기 1코를 뜹니다.

7. 다음 네트 칸에는 사슬뜨기 6코, 짧은뜨기 1코를 2회 떠 넣습니다. 총 3칸의 네트를 만들었습니다.

8. 7과 같은 방법을 각 칸마다 반복합니다. '(사슬뜨기 6코 - 짧은뜨기 1코) 2회'로 총 11칸의 네트 칸을 만들었습니다.

9. 사슬뜨기 3코를 뜬 다음 한길긴뜨기 자리에 한길긴뜨기 1코를 떠 3단을 마무리합니다. 총 12칸의 네트 칸을 만들었습니다. 홀수 단에서는 이와 같이 6개씩 네트 칸이 증가합니다.

10. 4단에서는 사슬뜨기 6코, 짧은뜨기 1코를 네트 칸마다 1번씩 해 칸 수 증가 없이 12칸의 네트칸을 만들어 줍니다. 짝수 단에서는 이와 같이 칸 수의 증가 없이 뜹니다.

11. 5단에서는 각 네트 칸마다 '사슬뜨기 6코- 짧은뜨기 1코' 과정을 2회, 1회, 2회, 1회… 반복해 18칸의 네트 칸을 만듭니다.

12. 6단에서는 '사슬뜨기 6코 - 짧은뜨기 1코' 과정을 1회씩만 해 칸 수 증가 없이 뜹니다.

13. 7단에서는 '사슬뜨기 6코 - 짧은뜨기 1코' 과정을 2회, 1회, 1회, 2회, 1회, 1회… 반복해 24칸의 네트 칸을 만들어 줍니다.

14. 8단에서는 '사슬뜨기 6코 - 짧은뜨기 1코' 과정을 1회씩만 해 칸 수 증가 없이 뜹니다.

15. 9단에서는 '사슬뜨기 6코 - 짧은뜨기 1코' 과정을 2회, 1회, 1회, 1회, 2회, 1회, 1회, 1회… 반복해 30칸의 네트 칸을 만듭니다. 홀수 단에서는 '사슬뜨기 6코 - 짧은뜨기 1코' 과정이 한 텀마다 1회씩 추가되면서 총 6칸이 증가하는 원리입니다.

16. 이와 같은 방법으로 15단까지 뜹니다. 마지막 15단의 전체 네트 칸 수는 48칸이 되어야 합니다.

높이 만들기

17. 15단에서 32단까지는 증가 없이 '사슬뜨기 6코 - 짧은뜨기 1코' 과정을 1회씩만 해 48칸을 유지합니다.

입구 만들기

18. 33단에서는 짧은뜨기로 1바퀴 둘러 줍니다. 각 네트 칸마다 짧은뜨기 6코를 뜨고 짧은뜨기 자리에도 짧은뜨기 1코를 떠 줍니다.

구멍 만들기

19. 34단에서는 8개의 구멍을 만들어 줍니다. '짧은뜨기 38코 - 사슬뜨기 4코' 과정을 반복해 8개의 구멍을 만듭니다.

마무리 단 만들기

20. 34단을 마무리한 모습입니다.

21. 35단에서는 되돌아 짧은뜨기를 뜹니다. 앞으로 가지 않고 1코 뒤에 바늘을 넣어 짧은뜨기를 떠 주세요.

22. 되돌아 짧은뜨기를 6코 뜬 모습입니다. 구멍에도 코수를 맞춰 4번 떠 넣습니다.

스트랩 연결하기

23. 되돌아 짧은뜨기로 35단을 마무리한 모습입니다. 몸통이 완성되었습니다.

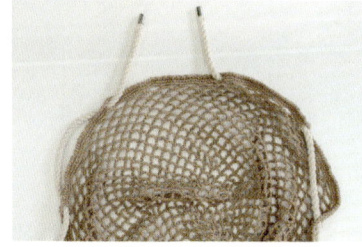

24. 스트랩을 8개 구멍에 통과시켜 줍니다. 스트랩 한쪽 끝을 구멍4의 밖에서 가방 안쪽으로, 구멍3은 안에서 밖으로 번갈아 가며 구멍 2, 1, 8, 7, 6, 5 순서로 스트랩을 끼워 줍니다. 마지막 구멍5에서 스트랩 끝이 바깥으로 나와야 합니다.

25. 구멍1과 구멍8을 연결하는 스트랩과 양쪽 끝부분을 여유 있게 빼 가방을 조여 주세요.

26. 오른쪽 스트랩을 사진과 같이 느슨하게 묶은 다음 구멍 사이로 왼쪽 스트랩을 빼냅니다.

27. 그 상태로 오른쪽 스트랩을 세게 당겨 묶어 줍니다. 매듭 사이에 왼쪽 스트랩이 들어가 있어야 합니다. 오른쪽 스트랩의 매듭 밑으로 나온 끝부분의 길이가 10cm 정도 남아야 합니다.

28. 반대쪽도 왼쪽 스트랩으로 오른쪽 스트랩을 감싸듯이 묶어 줍니다. 처음에는 느슨하게 묶고 위치를 잘 잡아 세게 당겨 묶어 주세요. 스트랩 끝부분이 10cm 정도 남아 있도록 합니다.

완성

29. 묶은 매듭 부분에 목공용 풀을 발라 매듭이 풀리지 않도록 고정합니다. 이때 반대쪽 스트랩에 목공용 풀을 묻히지 않도록 주의하세요. 반대쪽 스트랩에 목공용 풀이 묻으면 어깨끈 길이를 조절할 수 없습니다.

30. 서클 피시백이 완성되었습니다.

피시백 Fish bag

리넨사로 가볍게 들기 좋은 네트백을 만들어 봅니다. 군더더기 없는 심플한 디자인의 네트백으로 서클 피시백과 앞부분 과정이 동일합니다. 서클 피시백을 만들었다면 조금 더 수월하게 만들 수 있을 거예요.

LEVEL ◆◆◆◆◇

READY 기법 / 사슬뜨기, 빼뜨기, 짧은뜨기, 짧은뜨기 2코 늘려뜨기, 한길긴뜨기
실 / 리넨사 카키색 160g(3볼)
바늘 / 모사용 코바늘 5호(3mm), 돗바늘

SIZE 41×60cm(어깨끈 포함 높이)

WEIGHT 160g

Pattern

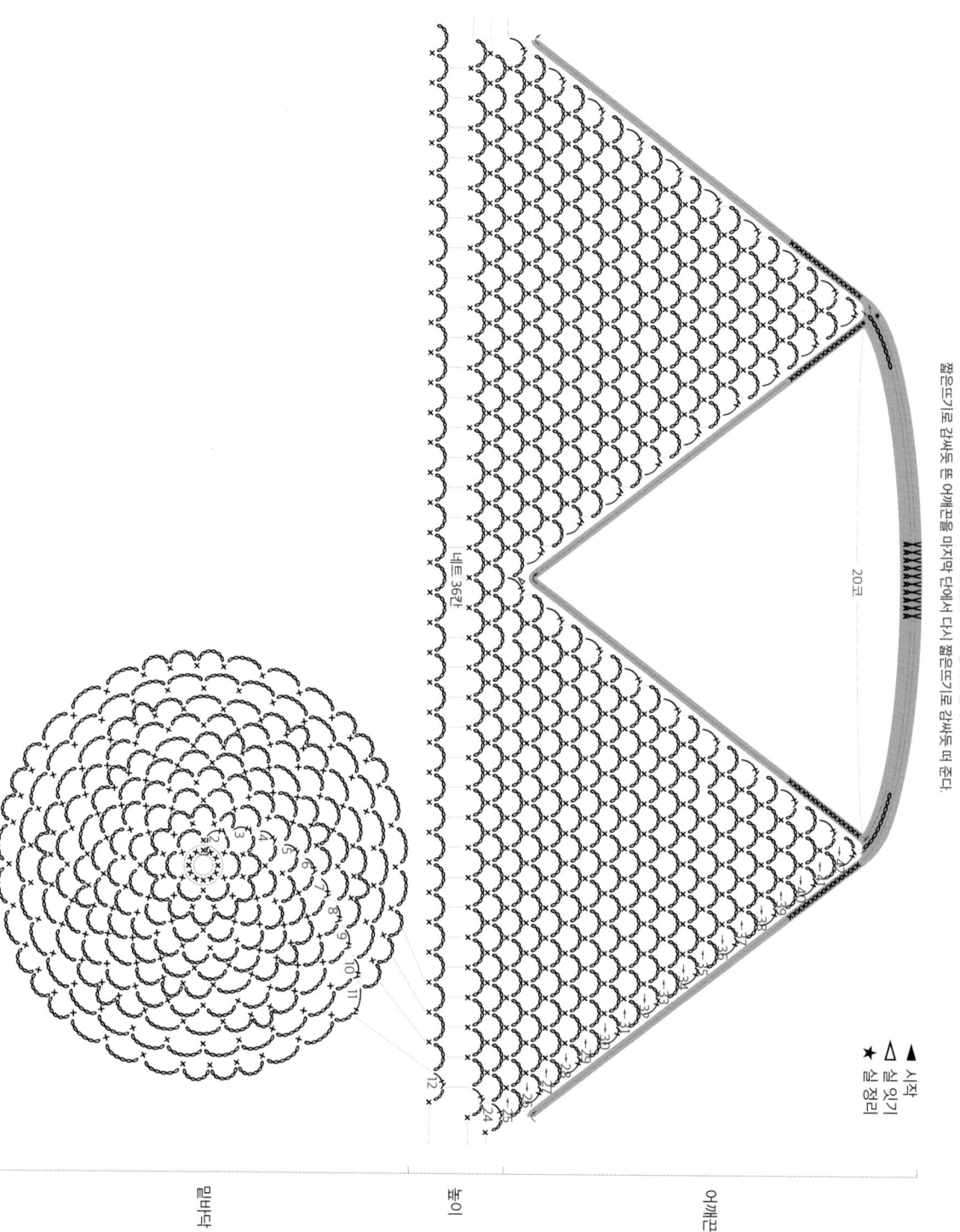

Net bag

구분	단수	코수	코 증감	실 컬러
어깨끈 1&2	42	1칸	-1칸	
	41	2칸		
	40	3칸		
	39	4칸		
	38	5칸		
	37	6칸		
	36	7칸		
	35	8칸		
	34	9칸		
	33	10칸		
	32	11칸		
	31	12칸		
	30	13칸		
	29	14칸		
	28	15칸		
	27	16칸		
	26	17칸		
	25	18칸		
높이	12~24	36칸	증감 없음	
밑바닥	11	36칸	+6칸	
	10	30칸	증감 없음	
	9	30칸	+6칸	
	8	24칸	증감 없음	
	7	24칸	+6칸	
	6	18칸	증감 없음	
	5	18칸	+6칸	
	4	12칸	증감 없음	
	3	12칸	+6칸	
	2	6칸(네트 칸)		
	1	12		

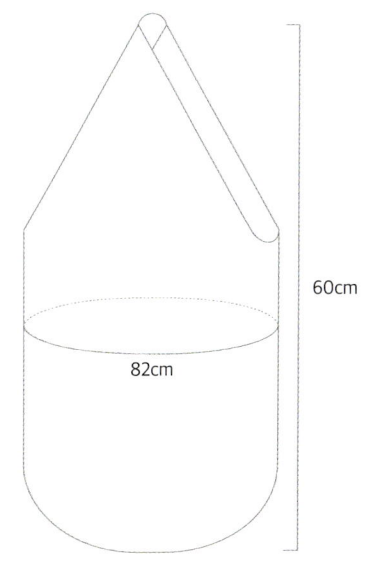

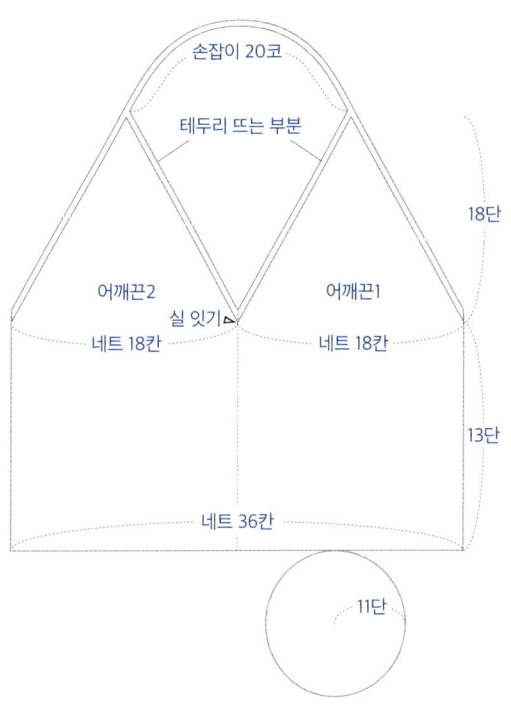

How to

밑바닥 시작하기

1. 원형뜨기 시작코를 만든 다음 짧은뜨기 12코를 떠 빼뜨기로 1단을 마무리합니다.

↪ 037쪽 원형뜨기 시작코 만들기

바닥과 몸통 만들기

2. 11단까지 칸을 늘리면서 떠 주세요. 11단의 전체 네트 칸 수는 36칸이 되어야 합니다.

↪ 110쪽 서클 피시백 바닥과 몸통 만들기 2~15

높이 만들기

3. 12단에서 24단까지는 증가 없이 떠 줍니다. 한 단에 네트 칸 36칸을 유지해 주세요.

어깨끈 만들기

4. 25단에서부터 어깨끈을 만들어 줄 거예요. 25단은 1바퀴를 모두 뜨지 않고 중간까지만 떠 18칸의 네트 칸을 만들어 줍니다. 마지막 18번째 네트 칸은 사슬뜨기 3코, 한길긴뜨기로 마무리합니다.

5. 26단부터는 편물을 뒤집어 가며 42단의 네트 칸이 1칸만 나올 때까지 같은 방법으로 뜹니다. 1단 올라갈 때마다 네트 칸은 1칸씩 감소합니다. 각각의 단은 '사슬뜨기 3코 - 한길긴뜨기'로 마무리합니다. 실은 정리하지 않고 쉬게 둡니다.

6. 맞은편 어깨끈에는 새로운 실을 이어 25단을 시작합니다. 도안에서 위치를 확인해 실을 이어 주세요. 같은 방법으로 42단까지 뜹니다. 42단까지 뜬 다음 실은 자르지 않고 쉬게 둡니다.

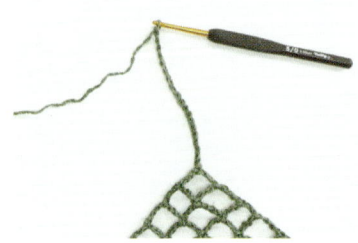

7. 5에서 쉬게 두었던 어깨끈 실에 이어 사슬뜨기를 20코 뜹니다.

8. 반대편 42단의 네트 칸 1칸에 짧은뜨기를 3코 뜹니다. 이때 사슬을 묶음으로 주워 떠 주세요.

9. 어깨끈의 경사면으로 한 단씩 밑으로 내려가며 네트 칸 1칸에 짧은뜨기를 3코씩 떠 줍니다. 어깨끈 절개 부분인 25단까지 떴으면 바로 반대편 어깨끈의 25단으로 이동해 42단까지 경사면으로 올라가며 떠 줍니다.

10. 반대편 어깨끈의 42단까지 모두 뜬 다음 어깨끈을 이어 준 사슬뜨기 20코도 묶음으로 주워 짧은뜨기를 뜨고 실을 잘라 정리합니다.

11. 6에서 쉬게 두었던 반대편 실에 다시 바늘을 걸어 10에서 뜬 짧은뜨기 20코를 다시 묶음으로 주워 감싸듯이 짧은뜨기 20코를 뜹니다.

완성

12. 42단의 네트 칸 1칸에 짧은뜨기를 3코씩 떠 반대편 어깨끈 42단까지 한 바퀴 둘러 줍니다. 실을 잘라 정리해 주세요.

13. 피시백이 완성되었습니다.

Bucket

bag

스트라이프 버킷백
Stripe bucket bag

작은 사이즈의 버킷백을 만들어 봅니다. 다양한 컬러의 실과 스트랩, 나무 구슬을 이용해 캐주얼한 무드의 뜨개 가방을 완성해 보세요. 배색과 사이즈만 바꿔도 계절마다 어울리는 버킷백을 만들 수 있어요. 짧은뜨기와 사슬뜨기, 빼뜨기의 기본적인 뜨개법만으로 쉽게 도전할 수 있는 쉬운 난이도의 뜨개 가방입니다.

LEVEL	◆◆◇◇◇
READY	기법 / 사슬뜨기, 빼뜨기, 짧은뜨기, 짧은뜨기 2코 늘려뜨기, 7각 뜨기
	실 / 면사 연보라색 24합 70g, 면사 아이보리색 24합 100g, 면사 노란색 24합 30g
	바늘 / 모사용 코바늘 7호(4mm), 돗바늘
	부재료 / 스트랩 150cm 2줄, 나무 구슬 4개, 목공용 풀
SIZE	23×50~65cm(어깨끈 포함 높이)
WEIGHT	240g

Pattern

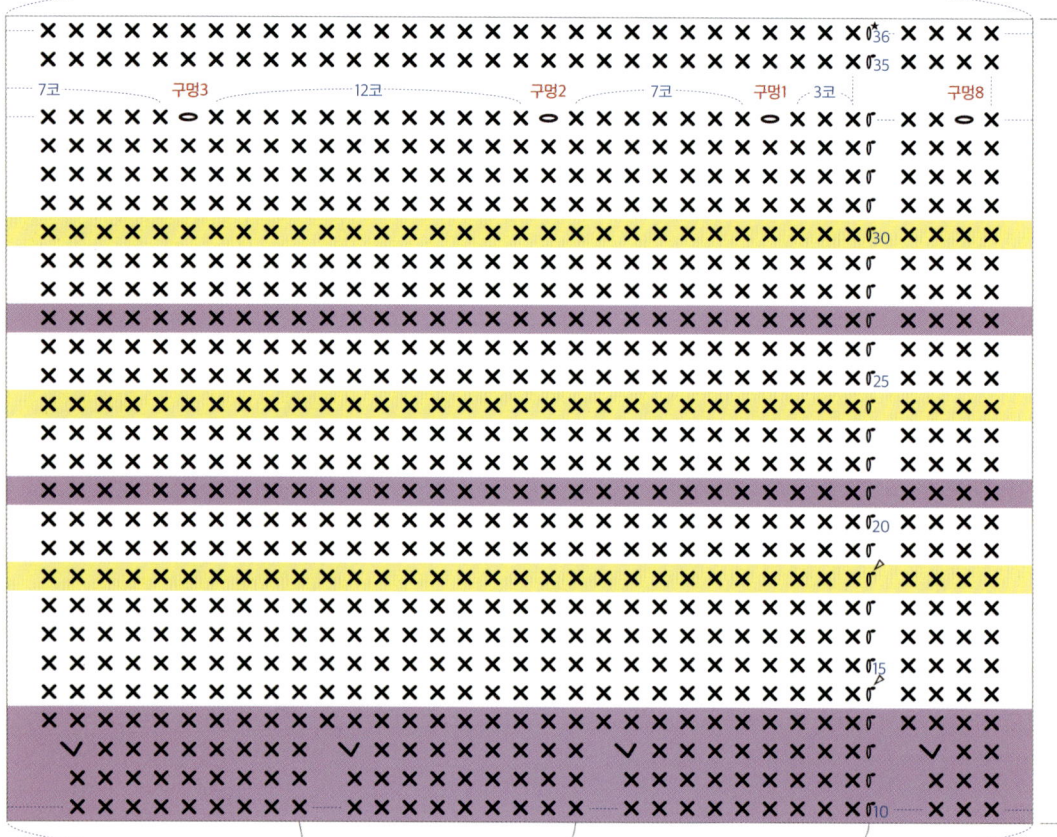

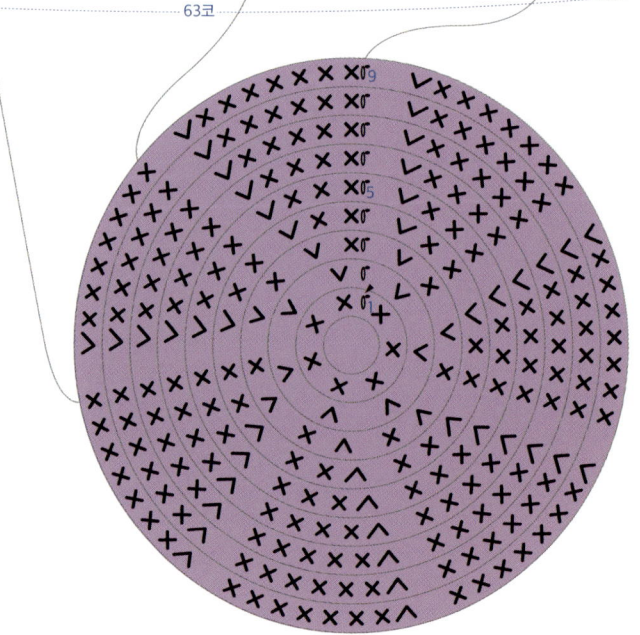

Bucket bag

구분	단수	코수	코 증감	실 컬러
몸통	31~36	70	증감 없음	
	30			
	28~29			
	27			
	25~26			
	24			
	22~23			
	21			
	19~20			
	18			
	14~17			
	13			
	12	70	+7코	
	10~11	63	증감 없음	
밑바닥	9	63	+7코	
	8	56		
	7	49		
	6	42		
	5	35		
	4	28		
	3	21		
	2	14		
	1	7		

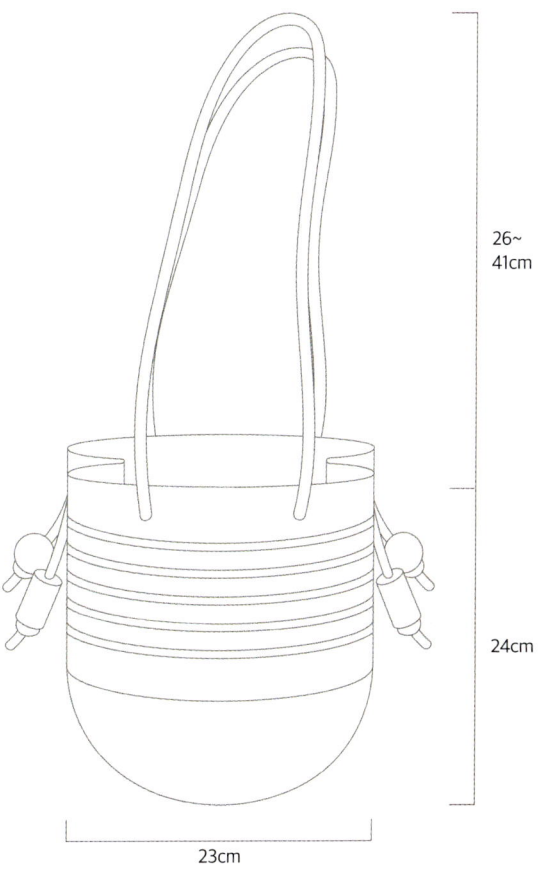

26~41cm

24cm

23cm

구멍1과 구멍8, 구멍4와 구멍5에서 스트랩 양 끝을 나오게 해 묶는다.

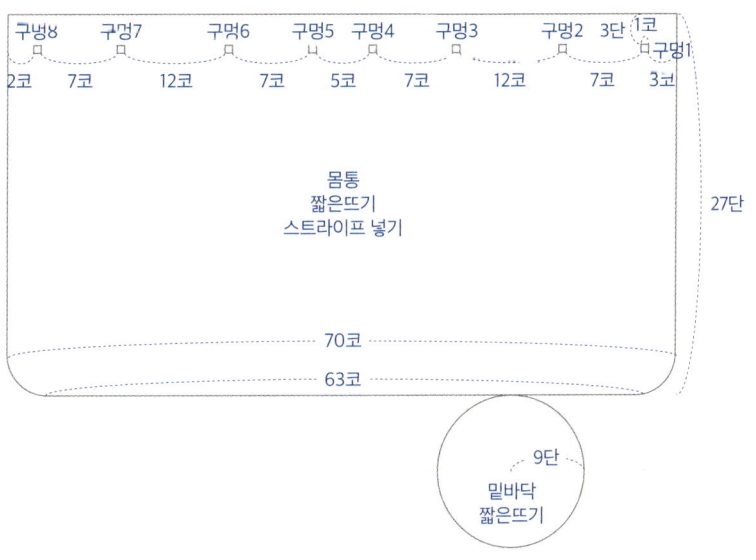

How to

밑바닥 만들기

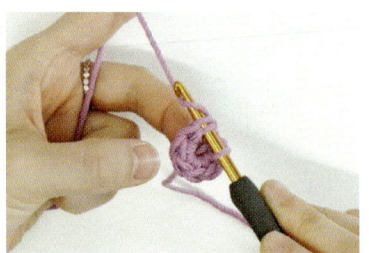

1. 원형코에 짧은뜨기를 7코 떠 1단을 만듭니다.

◠ 042쪽 7각 뜨기, 092쪽 원 숄더 네트백 밑바닥 만들기 1~19

2. 빼뜨기로 1단을 마무리합니다. 첫 번째 짧은뜨기의 코의 머리 2가닥을 주워 실을 한 번 감아 전부 빼냅니다.

3. 사슬뜨기 1코로 기둥코를 세워 2단을 시작합니다.

◠ 각각의 단은 빼뜨기로 마무리하고, 단을 시작할 때는 사슬뜨기 1코로 기둥코를 세웁니다.

4. 2단은 전부 짧은뜨기 2코 늘려뜨기로 뜹니다. 총 14코가 맞는지 확인하고 빼뜨기로 2단을 마무리합니다.

5. 9단까지 7각 뜨기로 뜹니다. 총 63코를 만들었습니다.

◠ 단마다 코수가 7의 배수로 증가합니다.

6. 10~11단은 코수 증가 없이 1코에 1번씩 짧은뜨기를 뜹니다. 12단은 코수를 늘려 7각으로 70코를 떠 주세요.

7. 13단은 코수 증가 없이 짧은뜨기를 1코에 1번씩 떠 줍니다. 13단의 마지막 짧은뜨기 코를 마무리하기 전 바늘에 실이 2가닥 걸린 상태에서 새로운 배색 실(아이보리색)을 끌고 와 한 번에 빼 줍니다.

◠ 이때 기존의 실(연보라색)은 뒤쪽에 놓아둡니다. 다음 연보라색을 사용할 때 필요하므로 끊어 정리하지 않습니다.

8. 아이보리색 배색 실로 바꾼 모습입니다. 바꾼 실로 17단까지 코수 증가 없이 짧은뜨기를 뜹니다.

스트라이프 넣기

9. 18~33단까지는 코수 증가 없이 떠주되 18, 21, 24, 27, 30단에서 컬러를 바꿔 5줄의 스트라이프를 넣어 줍니다. 17단 마지막 짧은뜨기 코를 새로운 배색 실(노란색)로 마무리합니다. 7과 같은 방법으로 컬러를 바꿉니다.

10. 노란색으로 18단을 뜹니다. 마지막 짧은뜨기 코는 뒤쪽에 놓아두었던 아이보리색 실로 마무리합니다. 노란색 실은 뒤쪽에 놓아둡니다.

11. 9~10을 반복해 5줄의 스트라이프를 만든 다음 아이보리색으로 33단까지 뜹니다.

🌙 스트라이프를 넣기 전 몇 가지 컬러를 몇 줄로 넣을지 계획을 세우고 뜨세요. 실을 끊어서 사용하는 경우와 이와 같이 실을 뒤쪽에 놓아두고 다시 사용하는 방법이 있습니다.

구멍 만들기

12. 34단에서 스트랩이 들어갈 8개의 구멍을 만듭니다. 짧은뜨기 3, 7, 12, 7, 5, 7, 12, 7, 2코 사이마다 사슬뜨기 1코를 뜬 다음 1코 건너뛰고 다음 코에 이어서 짧은뜨기를 뜹니다. 우선 구멍1을 내기 위해 짧은뜨기를 3코 뜨고 사슬뜨기를 1코 뜹니다.

13. 1코를 건너뛰고 다음 코에 이어서 짧은뜨기를 1코 뜹니다. 구멍1이 완성되었습니다.

14. 12~13과 같은 방법으로 뜨면 짧은뜨기 3, 7, 12, 7, 5, 7, 12, 7, 2코 사이마다 구멍이 하나씩 생깁니다.

15. 35단에서는 34단에서 구멍을 낸 부분이 나오면 구멍으로 들어가 사슬 묶음으로 주워 짧은뜨기를 1코 뜹니다.

16. 35단까지 마무리한 모습입니다.

실 정리

17. 36단도 짧은뜨기로 뜨고 마지막 코까지 떴으면 10cm 정도 남기고 실을 잘라 바늘에 걸린 고리를 쭉 빼냅니다.

18. 빼낸 실을 돗바늘에 끼워 첫 번째 코 코의 머리 2가닥에 통과시킵니다.

19. 마지막 코의 반코만 걸어 가방 안쪽으로 빼 실을 정리합니다.

스트랩 연결하기

20. 버킷백을 모두 뜬 모습입니다.

21. 2줄의 스트랩을 1줄당 4개의 구멍에 통과시킵니다. 스트랩 1줄을 처음 구멍1의 밖에서 가방 안쪽으로 구멍2는 안에서 밖으로 통과시킵니다.

22. 구멍3은 밖에서 안, 구멍4는 안에서 밖으로 스트랩을 통과시켜 주세요.

23. 맞은편 구멍5~8에도 21~22와 동일한 방법으로 남은 스트랩 1줄을 통과시킵니다.

24. 양옆 구멍4, 5와 구멍1, 8에서 나온 스트랩 2줄을 함께 가볍게 묶어 줍니다.
- 매듭을 풀어 가며 길이를 조절해야 하므로 너무 세게 묶지 않습니다.

25. 스트랩 끝부분 4군데에 나무 구슬을 끼웁니다. 나무 구슬의 구멍이 작은 경우 코바늘을 이용해 끼웁니다.
- 스트랩 굵기를 고려해 나무 구슬을 고릅니다. 구슬의 구멍이 너무 크면 매듭을 묶어도 빠지기 쉬우므로 알맞은 사이즈를 찾는 것이 중요합니다.

완성

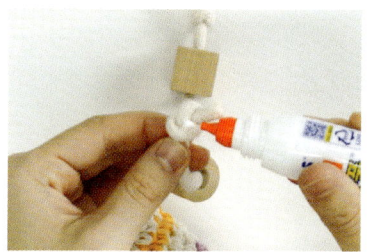

26. 나무 구슬을 끼운 후 구슬이 빠지지 않도록 스트랩 끝을 묶어 줍니다. 매듭이 풀리지 않도록 목공용 풀을 틈새에 발라 줍니다.

27. 스트라이프 버킷백이 완성되었습니다.

투톤 버킷백 Two tone bucket bag

굵기가 다른 두 가지 실을 사용해 만듭니다. 짧은뜨기만 무한 반복해 주는 기본에 충실한 디자인으로 힘 조절에 유의해 고르게만 뜬다면 충분히 아름다운 가방을 만들 수 있어요. 다양한 컬러나 색다른 소재의 조합만으로 전혀 다른 분위기의 가방을 완성할 수 있으니 개성을 살려 만들어 보세요.

LEVEL	◆◆◆◇◇
READY	기법 / 사슬뜨기, 빼뜨기, 짧은뜨기, 짧은뜨기 2코 늘려뜨기, 짧은뜨기 이랑뜨기, 7각 뜨기
	실 / 면사 초록색 24합 160g, 면사 회색 18합 160g
	바늘 / 모사용 코바늘 4호(2.5mm), 모사용 코바늘 7호(4mm), 돗바늘
	부재료 / 시침핀 2개, 단수링 2개
SIZE	30×50cm(어깨끈 포함 높이)
WEIGHT	320g

Pattern

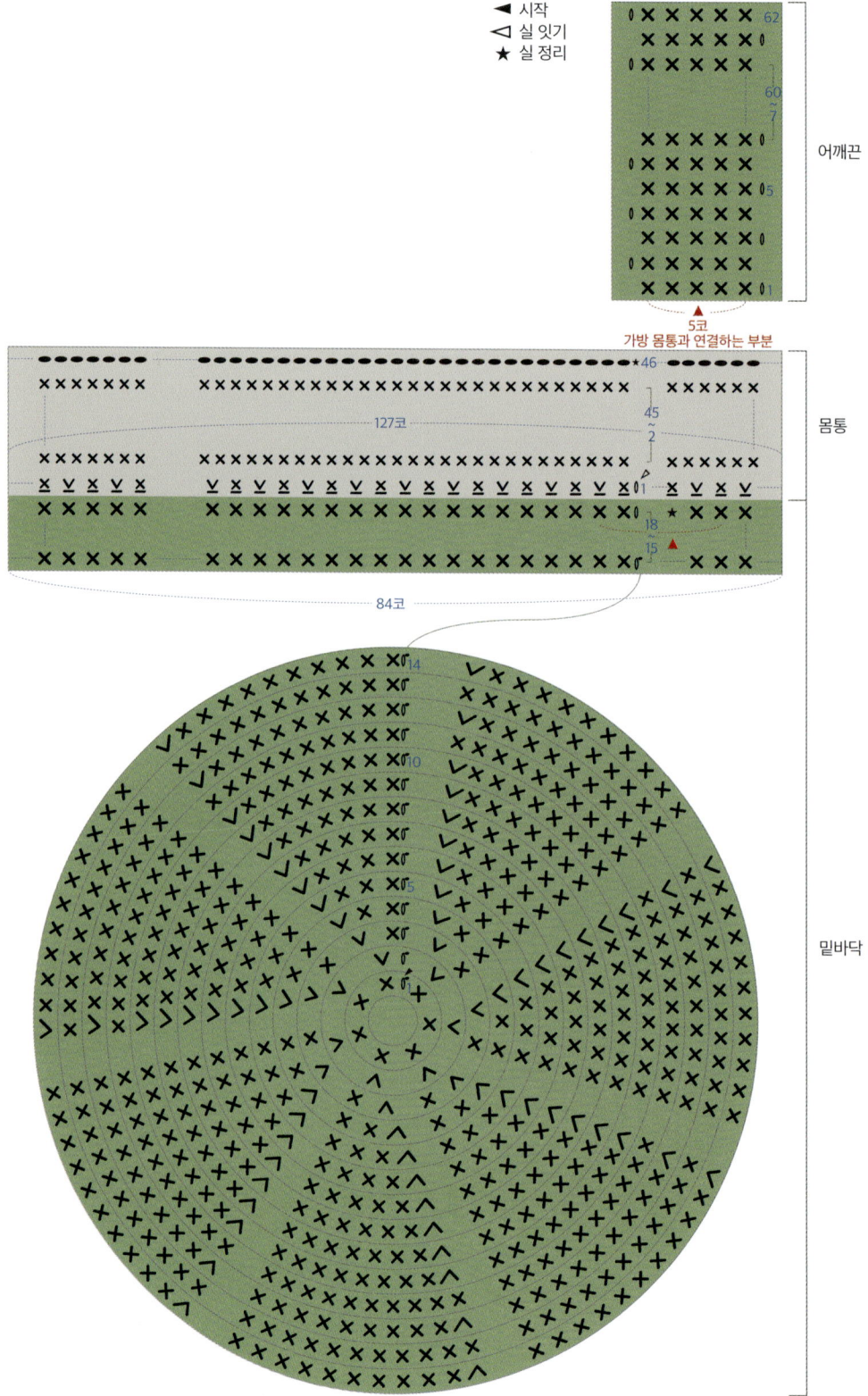

Bucket bag

구분	단수	코수	코 증감	실 컬러
어깨끈	1~62	5	증감 없음	
몸통	2~46	127	증감 없음	
	1		+43코	
밑바닥	15~18	84	증감 없음	
	14	84	+7코	
	13	77	증감 없음	
	12	77	+7코	
	11	70	증감 없음	
	10	70	+7코	
	9	63		
	8	56		
	7	49		
	6	42		
	5	35		
	4	28		
	3	21		
	2	14		
	1	7		

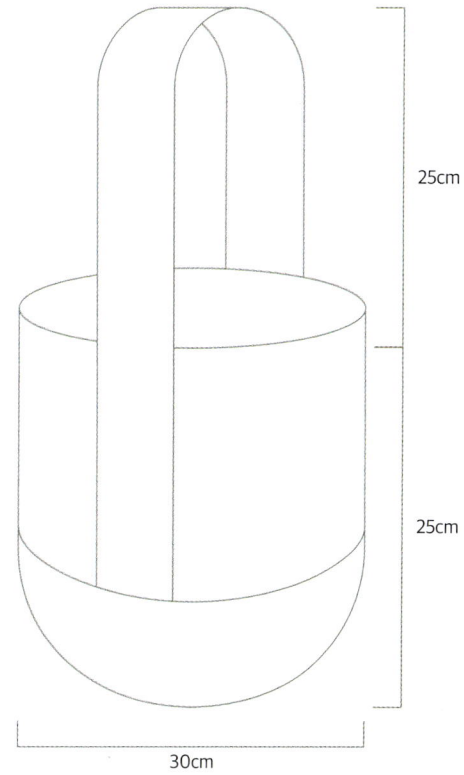

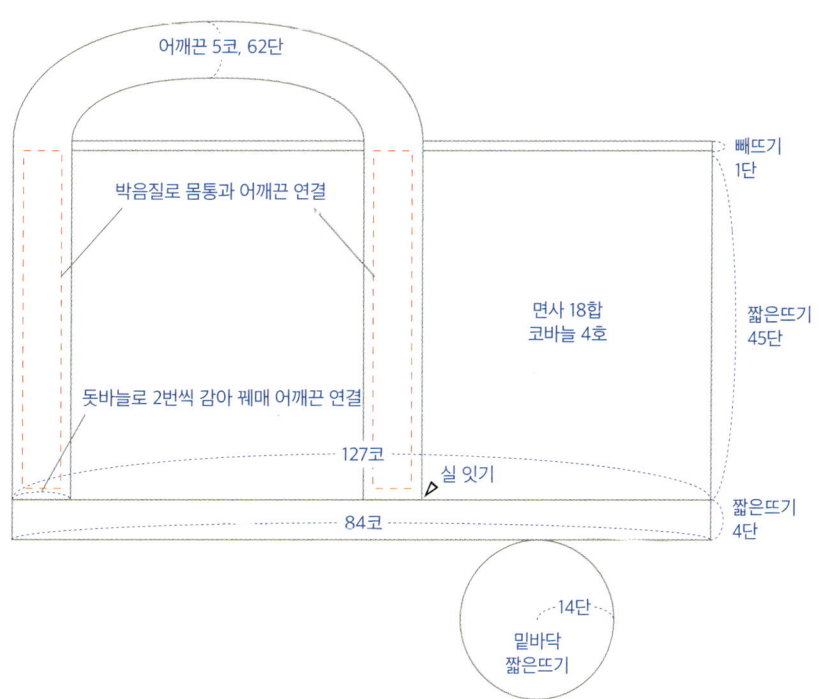

How to

밑바닥 만들기

1. 7각 뜨기로 10단까지 뜹니다. 10단의 전체 코수는 70코가 되어야 합니다.

◠ 042쪽 7각 뜨기

2. 11단은 코수 증가 없이 1코에 1번씩, 12단은 코수를 늘려 7각으로 77코 뜹니다. 13, 14단도 같은 방법으로 13단은 증가 없이 1코씩, 14단은 7각으로 84코를 떠 줍니다.

3. 15~18단은 코수 증가 없이 1코에 1번씩 짧은뜨기를 뜹니다. 18단 마지막 코까지 뜬 다음 10cm 정도 남기고 실을 잘라 바늘에 걸린 고리를 쭉 빼냅니다.

4. 빼낸 실을 돗바늘에 끼워 첫 번째 코의 코의 머리 2가닥을 통과시킨 뒤에 마지막 코의 반코만 걸어 가방 안쪽으로 빼냅니다.

◠ 128쪽 스트라이프 버킷백 실 정리 17~19

5. 밑바닥이 완성되었습니다.

몸통 만들기

6. 밑바닥에 18합 면사를 이어서 떠 줍니다. 첫 번째 코의 코의 머리 반코만 주워 새로운 실을 가져옵니다.

◠ 굵기가 서로 다른 새로운 실을 이어 주는 부분이므로 1단만 이랑뜨기로 뜹니다. 코의 머리 2가닥 중 위쪽 반코만 걸어 뜨는 방식을 '짧은뜨기 이랑뜨기'라고 부릅니다.

7. 사슬뜨기 1코로 기둥코를 만든 다음 같은 자리에 짧은뜨기 이랑뜨기를 1코 뜹니다.

8. 두 번째 코에 짧은뜨기 2코 늘려뜨기 이랑뜨기를 합니다.

9. 7~8을 반복해 1코 걸러 짧은뜨기 2코 늘려뜨기 이랑뜨기로 1단을 뜹니다. 마지막 실 정리를 한 코에도 짧은뜨기 이랑뜨기 1코를 뜹니다. 총 127코를 만들었습니다.

10. 2단을 시작할 때는 빼뜨기와 기둥코 없이 첫 번째 코에서 바로 짧은뜨기를 해 1코에 1번씩 뜹니다.

11. 빙 둘러 가며 원통형으로 45단까지 뜹니다.

몸통 실 정리
어깨끈 만들기

12. 45단까지 모두 뜬 다음 46단은 빼뜨기로 뜹니다.

13. 10cm 정도 남기고 실을 잘라 바늘에 걸린 고리를 쭉 빼냅니다. 빼낸 실을 돗바늘에 끼워 빼뜨기 첫 번째 코의 머리 2가닥을 통과시킨 다음 마지막 코의 반코만 걸어 가방 안쪽으로 빼냅니다.

◠ 128쪽 스트라이프 버킷백 실 정리 17~19

14. 밑바닥과 같은 실로 어깨끈을 뜹니다. 책에서는 이해를 돕기 위해 다른 컬러의 실을 사용했습니다. 밑바닥의 빼뜨기 라인을 기준으로 양옆으로 2코씩 총 5코의 넓이로 어깨끈을 뜹니다. 먼저 어깨끈의 첫 번째 코 코의 머리 반코만 주워 새로운 실을 가져옵니다.

15. 짧은뜨기 5코를 떠 주세요.

16. 가방을 시계 반대 방향으로 돌린 다음 어깨끈 2단을 시작합니다. 사슬뜨기 1코로 기둥코를 세워 시작해 주세요.

17. 단마다 짧은뜨기를 5번씩 떠 줍니다. 62단까지 떠 주세요.

18. 실을 20cm 정도 여유 있게 자릅니다. 가방 몸통에 어깨끈을 고정할 거예요. 가방의 몸통이나 어깨끈이 울지 않도록 핀으로 잘 맞춰 일자로 고정합니다.

19. 몸통을 만들 때 사용한 실을 돗바늘에 끼워 몸통과 어깨끈을 함께 잡고 박음질합니다. 몸통과 어깨끈이 닿는 면의 테두리를 두르며 박음질해 주세요.

20. 박음질을 마친 모습입니다.

21. 맞은편 어깨끈도 가방 몸통과 일자가 되도록 핀으로 잘 고정합니다.

22. 18에서 여유 있게 자른 실을 돗바늘에 끼워 밑바닥과 함께 꿰맵니다. 밑바닥의 반코와 어깨끈의 코의 머리 2가닥을 함께 걸어 2번씩 감아 꿰매 줍니다.

23. 맞은편 어깨끈과 같은 방법으로 가방 몸통에 어깨끈을 박음질해 주세요.

완성

24. 투톤 버킷백이 완성되었습니다.

빅 사이즈 투톤 숄더백 Big size two tone shoulder bag

아포코팡파레 니팅 클래스에서 가장 사랑받는 디자인인 빅 사이즈 투톤 숄더백을 만들어 봅니다. 밑바닥의 굵은 실은 튼튼한 내구성을 더하도록, 몸통 부분의 얇은 실은 무게감을 덜어 주도록 디자인했어요. 사이즈에 비해 가볍게 들 수 있는 가방으로 짐이 많은 분들에게 딱! 베이직한 디자인이라 데일리 백으로 들기 좋은 뜨개 가방입니다.

LEVEL ◆◆◆◇◇

READY
기법 / 사슬뜨기, 빼뜨기, 짧은뜨기, 짧은뜨기 2코 늘려뜨기, 짧은뜨기 이랑뜨기, 원형뜨기
실 / 면사 연갈색 24합 130g, 면사 아이보리색 12합 160g
바늘 / 모사용 코바늘 6호(3.5mm), 모사용 코바늘 4호(2.5mm), 돗바늘
부재료 / 면 로프 990합 90cm, 목공용 풀, 종이 테이프

SIZE 18×56cm(어깨끈 포함 높이)

WEIGHT 340g

Pattern

◀ 시작
◁ 실 잇기
★ 실 정리

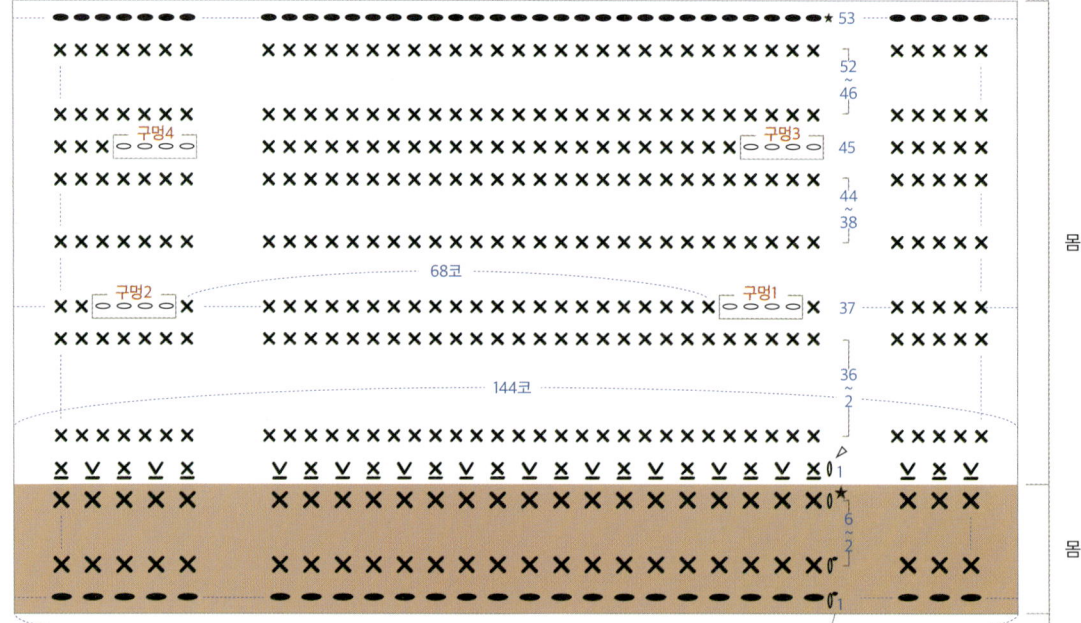

몸통2
몸통1

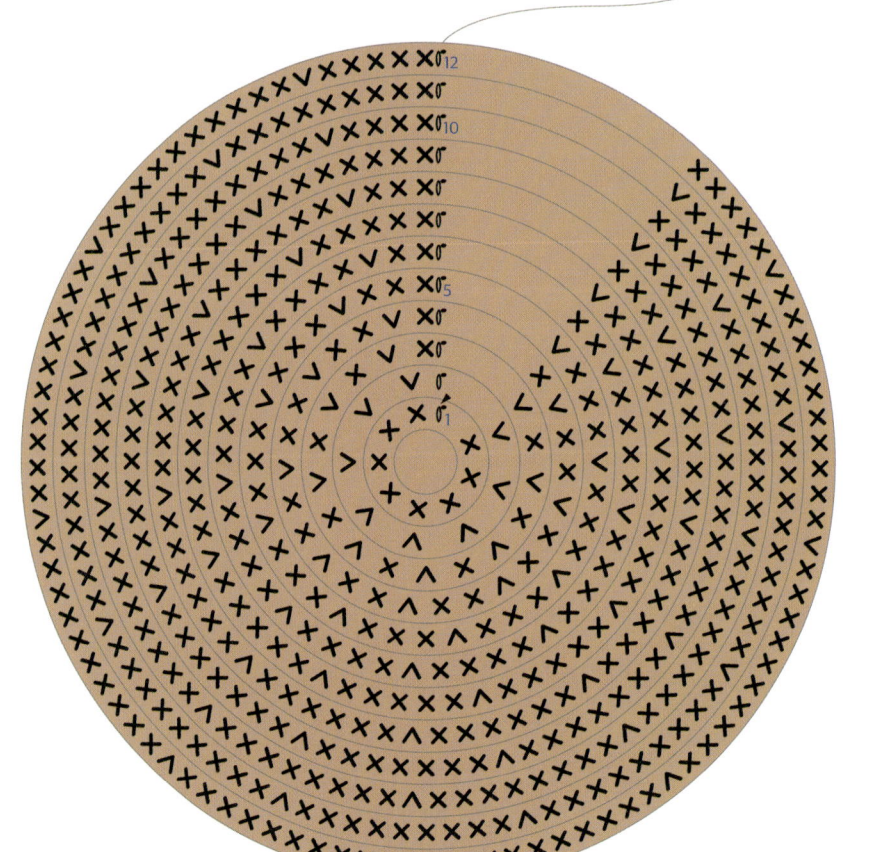

밑바닥

Bucket bag

구분	단수	코수	코 증감	실 컬러
몸통2	2~53	144	증감 없음	
	1		+48코	
몸통1	1~6	96	증감 없음	
밑바닥	12	96	+8코	
	11	88		
	10	80		
	9	72		
	8	64		
	7	56		
	6	48		
	5	40		
	4	32		
	3	24		
	2	16		
	1	8		

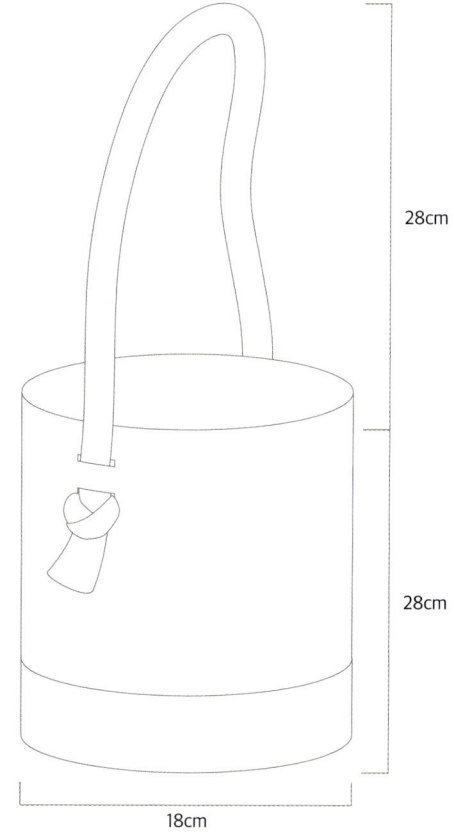

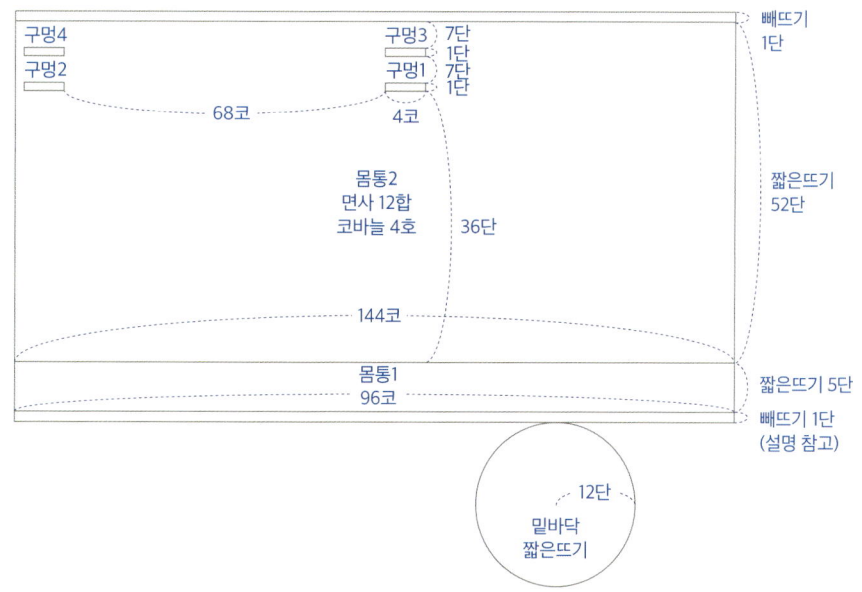

How to

밑바닥 만들기

1. 원형뜨기를 참고해 12단까지 뜹니다. 12단 전체 코수는 96코입니다.

🔗 044쪽 원형뜨기

몸통1 만들기

2. 사슬뜨기 1코로 기둥코를 세운 다음 편물을 세워 들고 시작합니다. 바늘을 편물의 뒤에서 앞으로 넣어 주세요.

3. 2에 이어서 다음 코에 원래 방향대로 바늘을 넣어 줍니다. 바늘이 첫 번째, 두 번째 코에 모두 들어가 있는 상태입니다.

4. 실을 한 번 감아 전부 통과시킵니다. 빼뜨기와 같은 방법입니다.

5. 1단을 완성한 모습입니다.

6. 뒷면입니다. 1바퀴를 빼뜨기로 두른 모습입니다.

🔗 이와 같이 빼뜨기로 작업을 하면 밑면에서 옆면으로 이어지는 부분에 또렷한 각을 만들 수 있습니다.

7. 사슬뜨기 1코로 기둥코를 세우고 2단을 시작합니다. 2단에서는 1단에서 뜬 빼뜨기에 바늘을 넣어 짧은뜨기를 뜹니다.

8. 6단까지 코수 증가 없이 짧은뜨기를 뜹니다.

Bucket bag

몸통1 실 정리

9. 10cm 정도 남기고 실을 잘라 바늘에 걸린 고리를 쭉 빼냅니다. 빼낸 실을 돗바늘에 끼워 첫 번째 코 코의 머리 2가닥을 통과시킵니다. 마지막 코의 반코만 걸어 가방 안쪽으로 빼 실을 정리합니다.

◠ 128쪽 스트라이프 버킷백 실 정리 17~19

몸통2 만들기

10. 몸통1에 12합 면사를 이어 뜹니다. 바늘은 4호를 사용합니다. 첫 번째 코 코의 머리 반코만 주워 새로운 실을 가져옵니다.

◠ 굵기가 서로 다른 새로운 실을 이어 주는 부분이므로 1단만 이랑뜨기로 뜹니다. 코의 머리 2가닥 중 위쪽 반코만 걸어 뜨는 방식을 '짧은뜨기 이랑뜨기'라고 부릅니다.

11. 사슬뜨기 1코로 기둥코를 만든 다음 같은 자리에 짧은뜨기 이랑뜨기 1코를 뜹니다.

12. 두 번째 코에 짧은뜨기 2코 늘려뜨기 이랑뜨기를 합니다.

13. 11~12를 반복해 1코 걸러 짧은뜨기 2코 늘려뜨기 이랑뜨기로 1단을 뜹니다. 2단을 시작할 때는 빼뜨기와 기둥코 없이 첫 번째 코에서 바로 짧은뜨기를 해 1코에 1번씩 뜹니다.

구멍 만들기

14. 빙 둘러 가며 원통형으로 36단까지 뜹니다.

15. 37단에서는 스트랩이 들어갈 2개의 구멍을 만듭니다. 짧은뜨기 1코를 뜬 다음 사슬뜨기 4코를 떠 줍니다.

16. 4코 건너뛰고 5번째 코에 이어서 짧은뜨기를 뜹니다. 구멍1이 나왔으면 같은 방법으로 반대쪽에도 구멍2를 만들어 주세요. 짧은뜨기 68코를 뜬 다음 사슬뜨기 4코, 5번째 코에 이어서 짧은뜨기를 합니다.

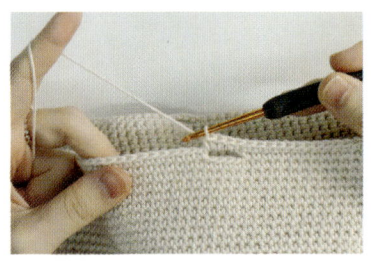 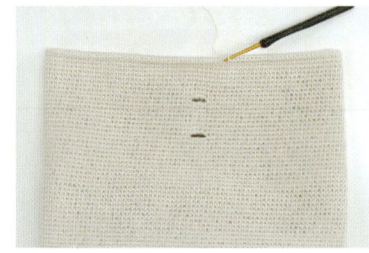 

17. 38단에서는 37단에서 구멍을 낸 부분이 나오면 구멍으로 들어가 사슬을 묶음으로 주워 짧은뜨기를 4번 합니다. 맞은편 구멍2에도 같은 방법으로 떠 줍니다.

18. 45단에서도 37단에 낸 구멍1, 2와 같은 위치에 2개의 구멍을 만들고, 52단까지 뜹니다.

19. 53단은 빼뜨기로 뜹니다.

몸통 실 정리

스트랩 연결하기

20. 10cm 정도 남기고 실을 잘라 바늘에 걸린 고리를 쭉 빼냅니다. 빼낸 실을 돗바늘에 끼워 빼뜨기 첫 번째 코 코의 머리 2가닥을 통과시킨 뒤에 마지막 코의 반코만 걸어 가방 안쪽으로 빼냅니다.

◠ 128쪽 스트라이프 버킷백 실 정리 17~19

21. 빅 사이즈 투톤 숄더백을 모두 뜬 모습입니다.

22. 구멍3은 밖에서 안으로, 구멍1은 안에서 밖으로 스트랩을 통과시킵니다. 맞은편 구멍2와 4에도 같은 방법으로 스트랩을 통과시킵니다.

◠ 이때 스트랩 끝을 종이 테이프로 한 번 감아 실이 나누어지지 않도록 만들면 조금 더 편하게 넣을 수 있습니다.

완성

23. 양쪽 스트랩을 묶어 매듭이 풀리지 않도록 목공용 풀을 틈새에 발라 줍니다. 스트랩 끝도 적당한 길이로 잘라 다듬어 주세요.

24. 빅 사이즈 투톤 숄더백이 완성되었습니다.

마린 버킷백 Marine bucket bag

스트라이프 버킷백과 빅 사이즈 투톤 숄더백을 합친 듯한 디자인의 버킷백입니다. 짧은뜨기만으로 완성해야 하기에 조금 지루할 수 있지만 상큼한 컬러 조합으로 뜨는 동안 저절로 기분이 좋아집니다. 다양한 스트랩을 사용해 기분에 따라 바꿔 들어도 좋아요.

LEVEL	◆◆◆◇◇	
READY	기법 /	사슬뜨기, 빼뜨기, 짧은뜨기, 짧은뜨기 2코 늘려뜨기, 짧은뜨기 이랑뜨기, 원형뜨기
	실 /	면사 파란색 24합 100g, 면사 레몬색 12합 30g, 면사 아이보리색 12합 50g
	바늘 /	모사용 코바늘 6호(3.5mm), 모사용 코바늘 4호(2.5mm), 돗바늘
	부재료 /	면 스트랩 90cm
SIZE	15×44cm(가방끈 포함 높이)	
WEIGHT	190g	

Pattern

◀ 시작
◁ 실 잇기
★ 실 정리

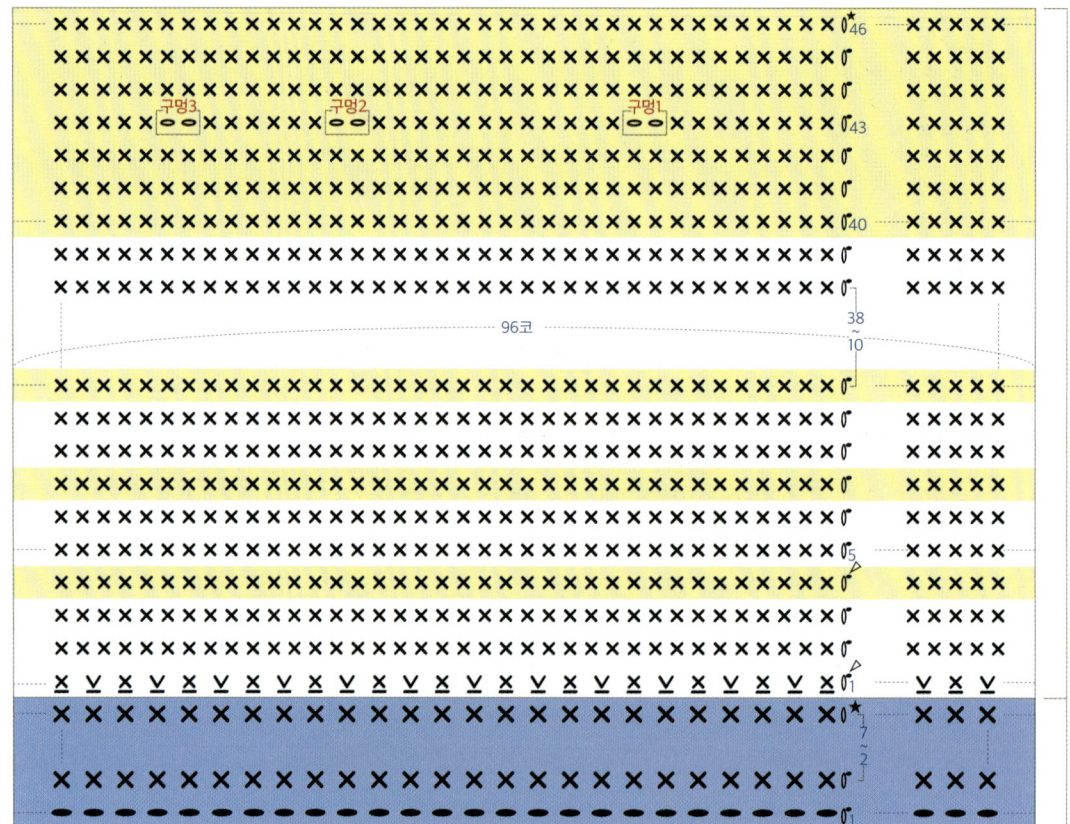

Bucket bag

구분	단수	코수	코 증감	실 컬러
몸통2	2~46	96	증감 없음	
	1		+32코	
몸통1	1~7	64	증감 없음	
밑바닥	8	64	+8코	
	7	56		
	6	48		
	5	40		
	4	32		
	3	24		
	2	16		
	1	8		

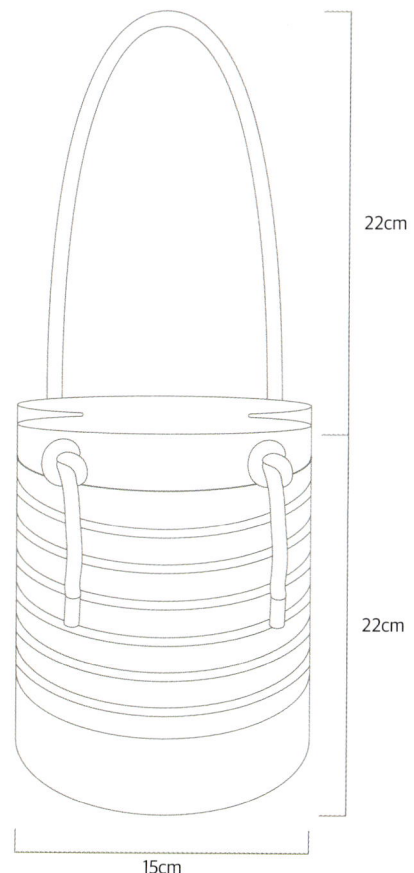

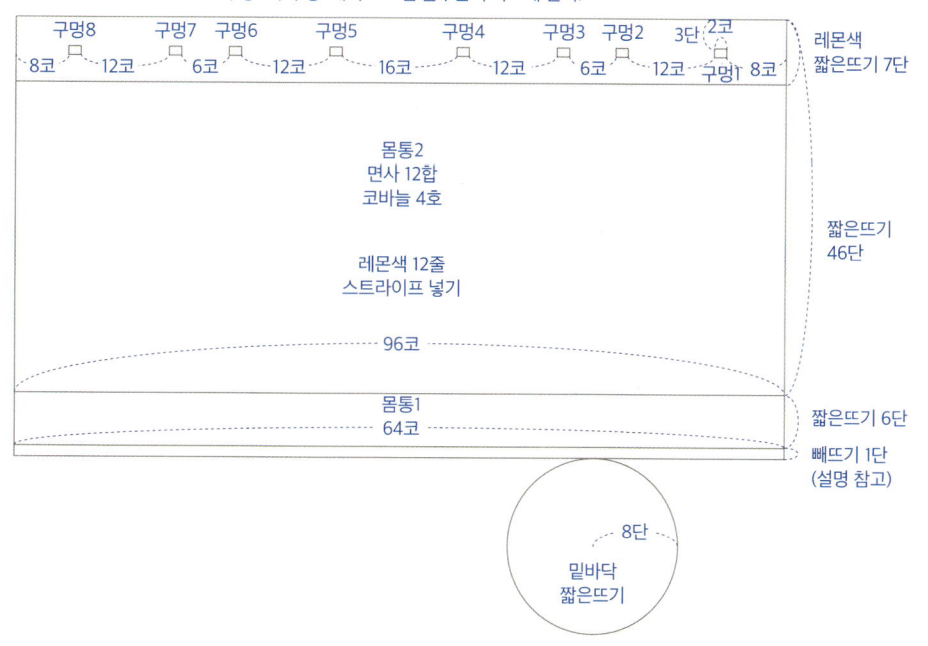

How to

밑바닥과 몸통1 만들기

1. 원형뜨기로 8단까지 뜬 다음 몸통1을 7단까지 만듭니다.

⌒ 044쪽 원형뜨기, 142쪽 빅 사이즈 투톤 숄더백 밑바닥 만들기, 몸통1 만들기 1~8

몸통2 만들기

2. 몸통1에 12합 면사를 이어 뜹니다. 바늘은 4호를 사용합니다. 1단만 짧은뜨기 이랑뜨기로 1코 걸러 2코 늘려뜨기를 합니다. 2~3단에서는 1코에 1번씩 코수 증가 없이 짧은뜨기를 뜹니다. 각각의 단은 빼뜨기로 마무리하고, 단을 시작할 때는 사슬뜨기 1코로 기둥코를 세웁니다.

스트라이프 넣기

3. 3단 마지막 짧은뜨기를 배색 실(레몬색)로 마무리합니다.

⌒ 이때 기존의 실(아이보리색)은 뒤쪽에 놓아둡니다. 다음 아이보리색을 사용할 때 필요하므로 끊어 정리하지 않습니다.

⌒ 127쪽 스트라이프 버킷백 스트라이프 넣기 9~11

4. 4단은 레몬색 실로 뜹니다. 4단 마지막 짧은뜨기는 뒤쪽에 놓아둔 아이보리색으로 마무리합니다. 레몬색 배색 실도 뒤쪽에 놓아둡니다.

5. 5~6단은 아이보리색으로 뜨고, 6단 마지막 짧은뜨기도 레몬색 실로 마무리합니다.

구멍 만들기

6. 42단까지 완성한 모습입니다. 2~39단까지 아이보리색 2줄, 레몬색 1줄을 번갈아 가며 뜹니다. 마지막 40~42단은 레몬색으로만 떠 주세요.

7. 43단에서는 스트랩이 들어갈 8개의 구멍을 만듭니다. 짧은뜨기 8, 12, 6, 12, 16, 12, 6, 12, 8코 사이마다 사슬뜨기 2코를 뜬 다음 2코를 건너뛰고 세 번째 코에 이어서 짧은뜨기를 뜹니다.

8. 44단에서는 43단에서 구멍을 낸 부분이 나오면 구멍으로 들어가 짧은뜨기를 2코씩 떠 넣습니다.

실 정리

9. 46단 마지막 코까지 뜬 다음 10cm 정도 남기고 실을 잘라 정리합니다.

↪ 128쪽 스트라이프 버킷백 실 정리 17~19

10. 버킷백을 모두 뜬 모습입니다.

스트랩 연결하기

11. 스트랩을 8개 구멍에 통과시킵니다. 스트랩 한쪽 끝을 구멍4의 밖에서 가방 안쪽으로, 구멍3은 안에서 밖으로 번갈아 가며 구멍 2, 1, 8, 7, 6, 5 순서로 스트랩을 끼웁니다. 마지막 구멍5에서 스트랩 끝이 바깥으로 나와 있어야 합니다.

완성

12. 구멍4, 5번으로 나온 스트랩을 원하는 길이로 가볍게 묶어 줍니다. 매듭을 풀어 가며 길이를 조절해 토트백이나 숄더백으로 사용할 수 있습니다. 마린 버킷백이 완성되었습니다.

블룸 버킷백 Bloom bucket bag

둥근 가방 위에 볼륨감 있는 꽃무늬 패턴을 넣어 귀여움을 더해 봅니다. 어렵지 않으면서 큰 효과를 줄 수 있는 방법으로, 다른 뜨개 가방을 만들 때도 응용하기 좋습니다. 가방 손잡이를 통통하게 뜨는 방식도 새롭고 재미있을 거예요.

LEVEL	◆◆◆◆◇	
READY	기법 /	사슬뜨기, 빼뜨기, 짧은뜨기, 짧은뜨기 2코 늘려뜨기, 원형뜨기
	실 /	천연 레이온사 베이지색 2겹 200g(4볼)
	바늘 /	모사용 코바늘 8호(5mm), 돗바늘
	부재료 /	단수링
SIZE	17×34cm(손잡이 포함 높이)	
WEIGHT	200g	

Pattern

◄ 시작
★ 실 정리

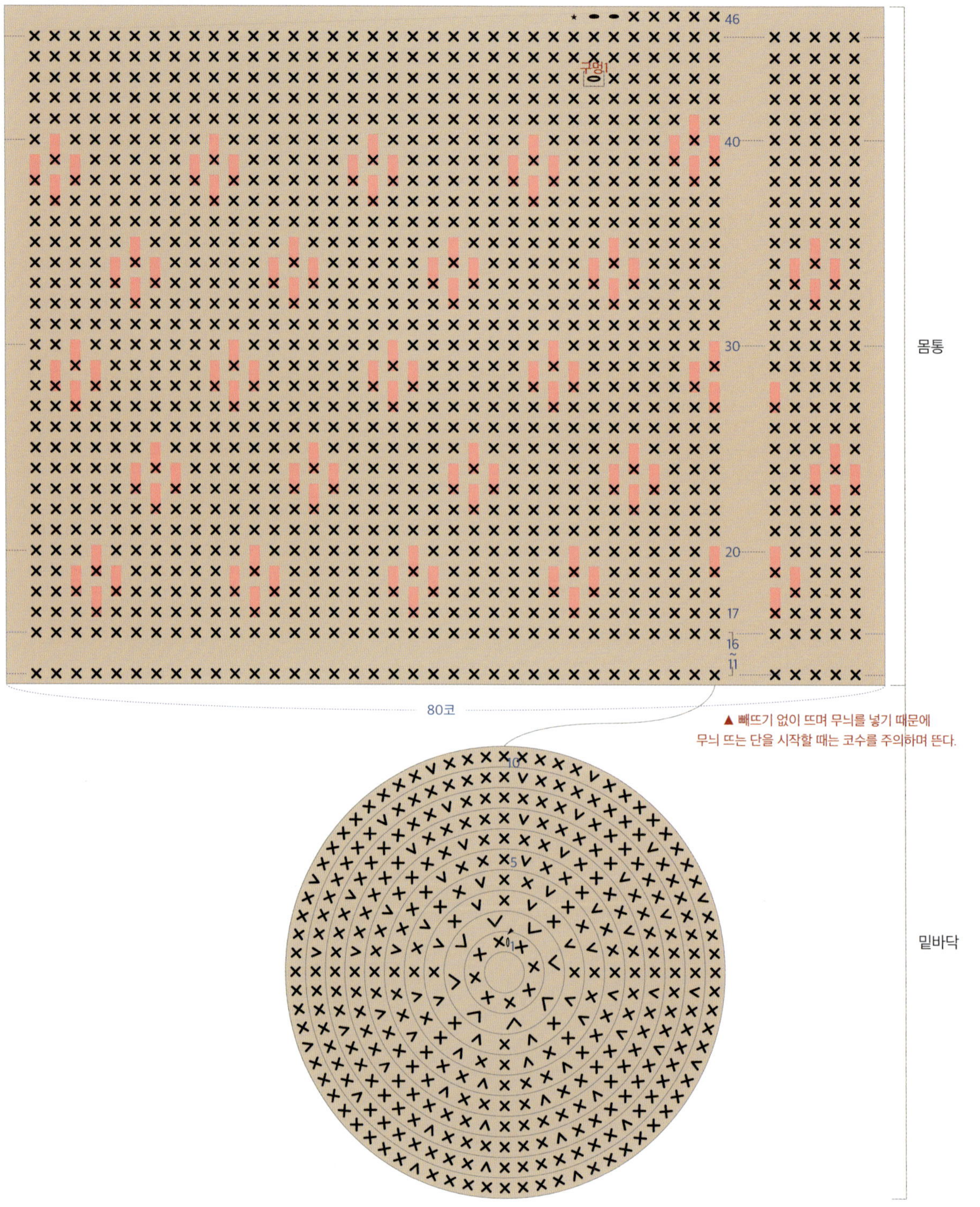

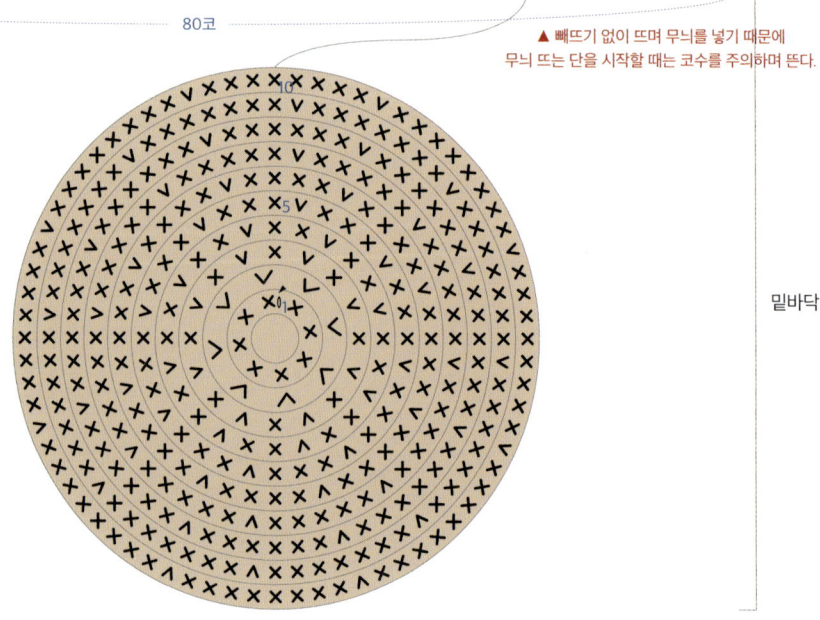

46
구멍1
40
30
20
17
16
~
11
80코
▲ 빼뜨기 없이 뜨며 무늬를 넣기 때문에
무늬 뜨는 단을 시작할 때는 코수를 주의하며 뜬다.
10
5
1
몸통
밑바닥

구분	단수	코수	코 증감	실 컬러
몸통	11~46	80	증감 없음	
밑바닥	10	80	+8코	
	9	72		
	8	64		
	7	56		
	6	48		
	5	40		
	4	32		
	3	24		
	2	16		
	1	8		

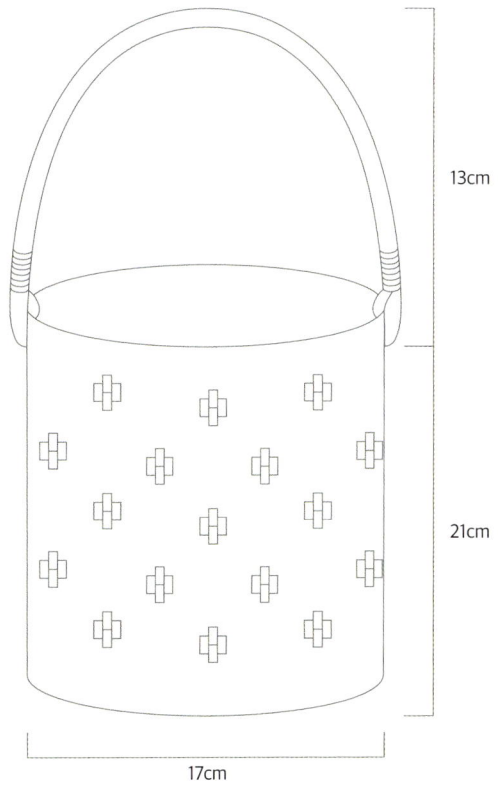

How to

밑바닥 만들기

1. 2가닥의 실을 합쳐 원형뜨기로 10단까지 뜹니다. 단의 시작과 끝에서 기둥코와 빼뜨기를 하지 않고 뜹니다. 10단의 전체 코수는 80코입니다.

 046쪽 이음새 없이 원형뜨기

2. 11~17단은 코수 증가 없이 1코에 1번씩 뜹니다.

무늬 넣기

3. 18단에서 짧은뜨기 7코를 뜬 다음 17단의 짧은뜨기 밑으로 바늘을 넣어 실을 가져옵니다.

4. 바늘에 실을 한 번 감아 줍니다.

5. 3에서 실을 가져온 곳으로 다시 바늘을 넣어 한 번 더 실을 가져옵니다. 바늘에 4가닥의 실이 걸렸습니다.

6. 실을 한 번 감아 바늘에 걸린 4가닥의 실 사이로 빼냅니다. 무늬 1개를 완성했습니다.

7. 3~6을 반복합니다. '짧은뜨기 7코 - 무늬뜨기'를 반복해 10개의 무늬를 뜹니다.

8. 19단에서는 짧은뜨기 6코를 뜬 다음 18단의 짧은뜨기 밑으로 바늘을 넣어 무늬를 뜹니다.

Bucket bag

9. 무늬뜨기를 1코 뜬 다음 짧은뜨기 1코를 뜨고 다시 무늬뜨기를 1코 뜹니다.

10. 8~9를 반복해 19단을 완성합니다. 18단에서 뜬 무늬 양옆으로 무늬를 추가한 모습이 되었습니다.

11. 20단에서는 19단에서 뜬 무늬 사이에 무늬뜨기를 합니다. 꽃무늬 패턴이 1줄 완성되었습니다. 꽃무늬 패턴은 3단을 뜨는 동안 4단에 걸쳐 완성되고 꽃무늬 패턴 1줄에 총 10개의 꽃무늬가 들어갑니다.

12. 21~22단은 무늬 없이 짧은뜨기로 뜨고 23단에서 짧은뜨기 4코를 뜬 다음 22단의 짧은뜨기 밑으로 바늘을 넣어 무늬를 뜹니다.

13. 도안을 보며 40단까지 총 5줄의 꽃무늬 패턴을 넣어 줍니다. 꽃무늬 패턴 1줄을 완성한 다음에는 2단씩 무늬 없이 짧은뜨기를 뜹니다.

14. 42단은 짧은뜨기를 뜹니다. 43단에서 '짧은뜨기 6코 - 사슬뜨기 1코 - 1코 건너뛰고 짧은뜨기'를 하여 구멍1을 만듭니다. 맞은편에도 구멍2를 만들어 주세요.

15. 44단에서는 43단에서 구멍을 낸 부분이 나오면 구멍으로 들어가 사슬을 묶음으로 주워 짧은뜨기 1코를 뜹니다.

16. 46단에서는 짧은뜨기 5코를 뜬 다음 빼뜨기 2코를 뜨고 실을 잘라 정리합니다.

17. 가방 몸통이 완성되었습니다.

손잡이 만들기

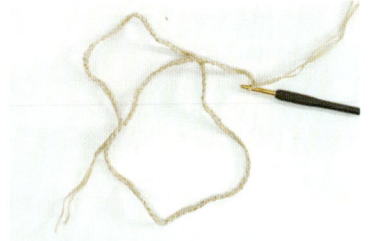

18. 2가닥의 실을 합쳐 사슬뜨기를 136코 뜹니다. 약 95cm 정도 떠 주세요.

19. 손잡이 끝부분을 구멍1의 밖에서 가방 안쪽으로, 구멍2의 안에서 밖으로 빼냅니다. 실타래와 연결된 부분은 구멍1 바깥에 있도록 남겨 둡니다.

20. 사슬뜨기 끝부분을 이어 줍니다. 구멍2에서 나온 사슬뜨기 마지막 코의 코산만 1가닥 주워 빼뜨기를 합니다. 이때 손잡이가 꼬이지 않도록 잘 펴서 연결합니다.

21. 사슬뜨기의 코산마다 빼뜨기를 해 1바퀴 둘러 줍니다.

22. 마지막 빼드기를 한 부분이 구멍1에 가까이 위치하도록 잡은 뒤 손잡이 앞쪽과 뒤쪽 2줄을 동시에 잡고 꿰맵니다. 2줄을 잡을 때 코산을 서로 등지게 잡아 바깥쪽 코의 머리 반코씩 짝을 맞춰 꿰맵니다.

23. 끝까지 꿰매어 주었다면 뒤집어 뒷면도 꿰맵니다. 여러 번 꿰매면 원통형의 통통한 손잡이 모습이 보입니다.

24. 반대편 손잡이도 같은 방법으로 꿰맵니다.

25. 같은 실로 손잡이 양 끝을 감아 이음새를 가려 마무리합니다.

완성

26. 블룸 버킷백이 완성되었습니다.

Basket

bag

마린 바스켓백 Marine basket bag

위로 갈수록 사다리꼴로 퍼지는 바구니 형태의 토트백입니다. 베이직한 디자인으로 활용도가 높기 때문에 하나 떠 두면 매해 여름 찾게 될 거예요. 짧은뜨기를 익힌 입문자가 응용 디자인으로 도전하기 좋은 난이도입니다. 점점 넓어지는 모양의 가방 몸통을 만들 때는 어떤 뜨개법을 활용하는지, 손잡이를 뜰 때는 어떤 디테일이 들어가는지 배울 수 있어요. 포인트로 준 블루 스트라이프로 마린룩을 완성해 보세요.

LEVEL	◆◆◆◇◇
READY	기법 / 사슬뜨기, 빼뜨기, 짧은뜨기, 짧은뜨기 2코 늘려뜨기, 짧은뜨기 2코 모아뜨기, 7각 뜨기 실 / 면사 아이보리색 24합 350g, 면사 파란색 24합 40g 바늘 / 모사용 코바늘 6호(3.5mm), 돗바늘
SIZE	39×35cm(손잡이 포함 높이)
WEIGHT	390g

Pattern

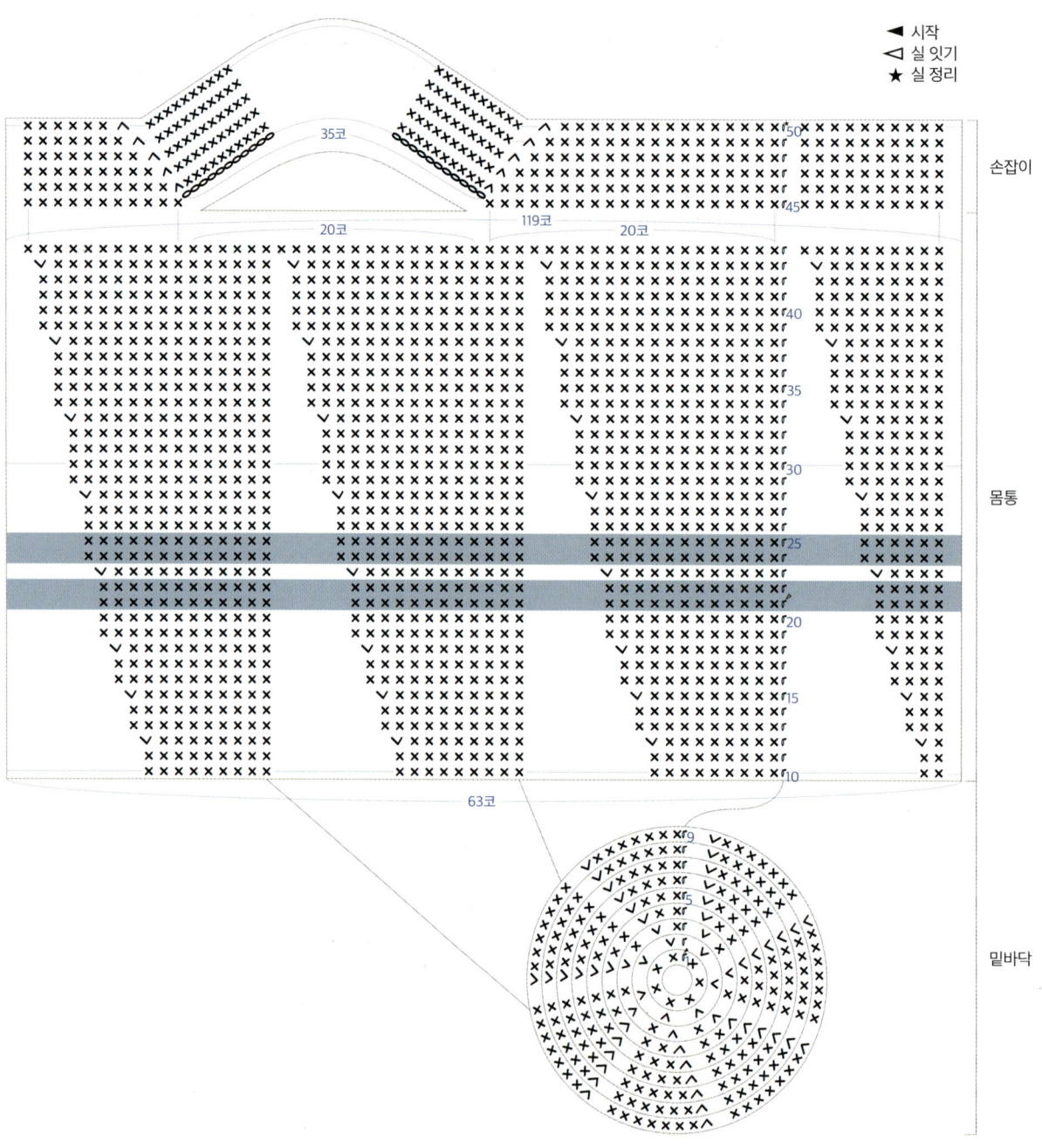

Basket bag

구분	단수	코수	코 증감	실 컬러
손잡이	50	129	-4코	
	49	133		
	48	137		
	47	141		
	46	145		
	45	149	+30코	
몸통	44	119	증감 없음	
	43	119	+7코	
	39~42	112	증감 없음	
	38	112	+7코	
	34~37	105	증감 없음	
	33	105	+7코	
	29~32	98	증감 없음	
	28	98	+7코	
	26~27	91	증감 없음	
	24~25	91	증감 없음	
	23	91	+7코	
	21~22	84	증감 없음	
	19~20	84	증감 없음	
	18	84	+7코	
	16~17	77	증감 없음	
	15	77	+7코	
	13~14	70	증감 없음	
	12	70	+7코	
	10~11	63	증감 없음	
밑바닥	9	63	+7코	
	8	56		
	7	49		
	6	42		
	5	35		
	4	28		
	3	21		
	2	14		
	1	7		

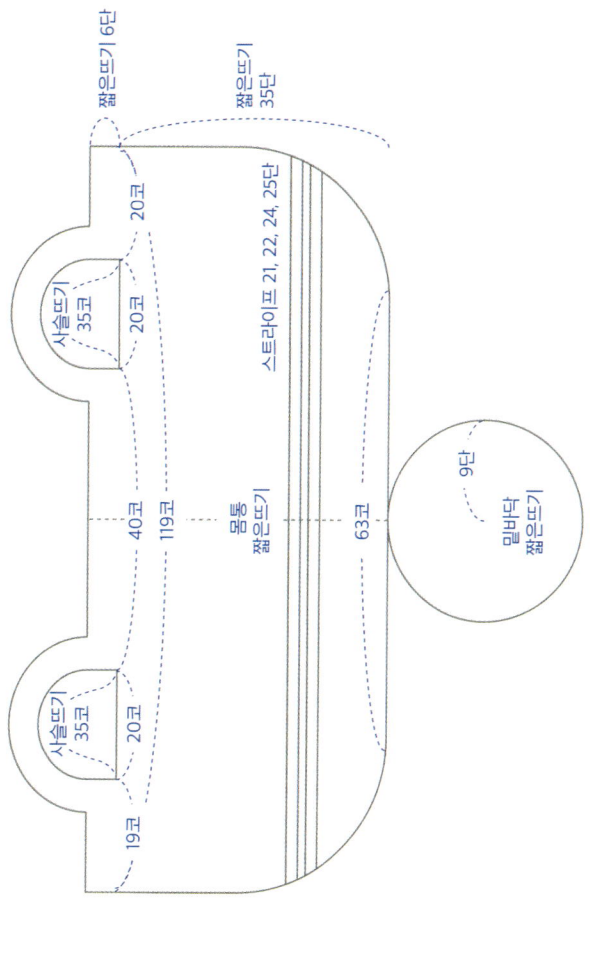

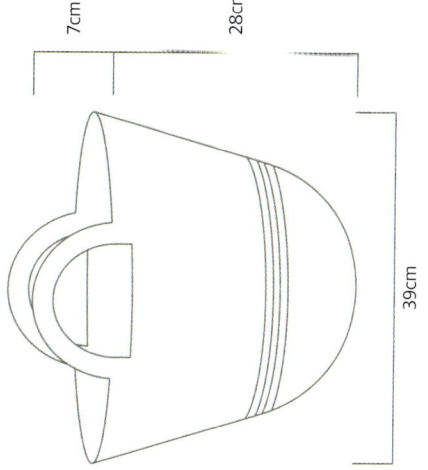

How to

밑바닥 만들기

1. 7각 뜨기로 9단까지 뜹니다. 9단의 전체 코수는 63코가 되어야 합니다.

⌒ 042쪽 7각 뜨기

2. 10~11단은 코수 증가 없이 1코에 1번씩, 12단은 코수를 늘려 7각으로 70코 뜹니다. 13~20단도 같은 방법으로 증가 없이 1코씩 뜨며 15, 18단에서만 7각으로 늘려 뜹니다. 마지막 20단의 전체 코수는 84코가 되어야 합니다.

스트라이프 넣기

3. 20단의 마지막 짧은뜨기를 새로운 배색 실(파란색)로 마무리합니다.

⌒ 이때 기존의 실(아이보리색)은 뒤쪽에 놓아둡니다. 다음 아이보리색을 사용할 때 필요하므로 끊어 정리하지 않습니다.

⌒ 127쪽 스트라이프 버킷백 스트라이프 넣기 9~11

4. 21~22단은 코수 증가 없이 1코씩 파란색 배색 실로 뜹니다.

5. 22단의 마지막 짧은뜨기를 뒤쪽에 놓아두었던 아이보리색 실을 가져와 마무리합니다. 다시 파란색 실은 뒤쪽에 놓아둡니다.

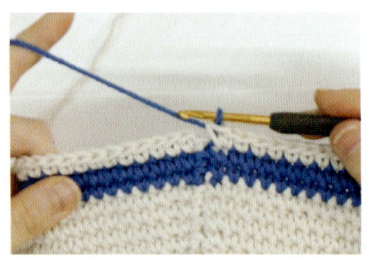

6. 23단은 아이보리색으로 코수를 늘리며 7각으로 91코 뜹니다. 마지막 짧은뜨기는 뒤쪽에 놓아두었던 파란색 배색 실을 가져와 마무리합니다. 다시 아이보리색 실을 뒤쪽에 놓아둡니다.

7. 24~25단은 코수 증가 없이 1코씩 파란색 배색 실로 뜹니다. 마지막 짧은뜨기에서 아이보리색 실로 마무리하고, 파란색 실을 10cm 정도 여유를 두고 자릅니다. 스트라이프를 넣은 안쪽 모습입니다.

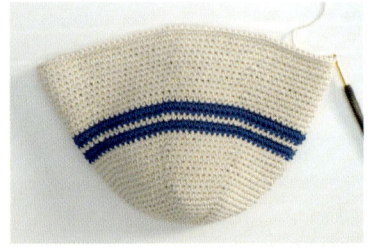

8. 26~44단은 28, 33, 38, 43단에서만 7각으로 늘려 가며 뜹니다. 나머지 단에서는 코수 증가 없이 1코씩 뜹니다. 마지막 44단의 전체 코수는 119코가 되어야 합니다.

Basket bag

손잡이 만들기

9. 짧은뜨기 20코를 뜬 다음 사슬뜨기 35코를 뜹니다.

10. 20코를 건너뛰고 21번째 코에 이어서 짧은뜨기를 뜹니다. 손잡이가 이어진 모습입니다.

⌒ 이때 사슬코가 꼬이지 않도록 주의합니다.

11. 9~10과 같은 방법으로 맞은편 손잡이를 만듭니다. 10에서 손잡이를 이어준 짧은뜨기 1코를 포함해 짧은뜨기 40코를 뜹니다. 사슬뜨기 35코로 맞은편 손잡이를 만들고 21번째 코에 이어서 짧은뜨기를 끝까지 19코 뜹니다.

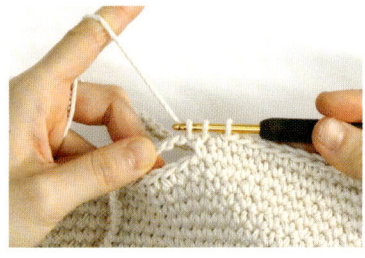

12. 짧은뜨기 19코를 뜬 다음 짧은뜨기 2코 모아뜨기를 뜹니다. 19, 20번째 코에서 각각 실을 가져옵니다. 바늘에 3가닥의 실이 걸려 있습니다.

13. 실을 감아 바늘에 걸린 3가닥의 실 사이로 빼냅니다. 짧은뜨기 2코 모아뜨기가 완성되었습니다.

14. 손잡이를 뜰 때는 사슬코의 코의 머리 2가닥만 주워 짧은뜨기를 뜹니다.

15. 마지막 사슬코 1코만 남겨 두고 짧은뜨기를 뜹니다.

16. 짧은뜨기 2코 모아뜨기를 해 주세요. 맞은편 손잡이도 같은 방법으로 뜹니다.

17. 47~50단에서도 손잡이의 시작과 끝부분에서만 짧은뜨기 2코 모아뜨기를 합니다.

실 정리

18. 10cm 정도 남기고 실을 잘라 바늘에 걸린 고리를 쭉 빼냅니다. 빼낸 실을 돗바늘에 끼워 첫 번째 코 코의 머리 2가닥을 통과시킵니다. 마지막 코의 반코만 걸어 가방 안쪽으로 빼 실을 정리합니다.

⌒ 128쪽 스트라이프 버킷백 실 정리 17~19

완성

19. 마린 바스켓백이 완성되었습니다.

미니 바스켓백 Mini basket bag

폴리사 두 겹으로 만드는 가방입니다. 핸들의 나무 구슬과 가방 윗부분의 뚜껑이 포인트가 되는 유니크한 디자인입니다. 뚜껑 부분의 뜨개법을 익히면 다른 뜨개 가방을 만들 때 응용하기 좋아요. 꼭 나무 구슬로 핸들을 만들지 않아도 괜찮습니다. 다양한 재료로 핸들을 만들면 새로운 느낌의 뜨개 가방이 될 거예요.

LEVEL	◆◆◆◆◇
READY	기법 / 사슬뜨기, 빼뜨기, 짧은뜨기, 짧은뜨기 2코 늘려뜨기, 원형뜨기
	실 / 폴리사 (히트스마일) 라임색 2겹 150g(4볼)
	바늘 / 모사용 코바늘 8호(5mm), 돗바늘
	부재료 / 단수링, 리본 90cm(폭 4cm), 나무 구슬 9개(지름 3cm)
SIZE	17×34cm(손잡이 포함 높이)
WEIGHT	210g

Pattern

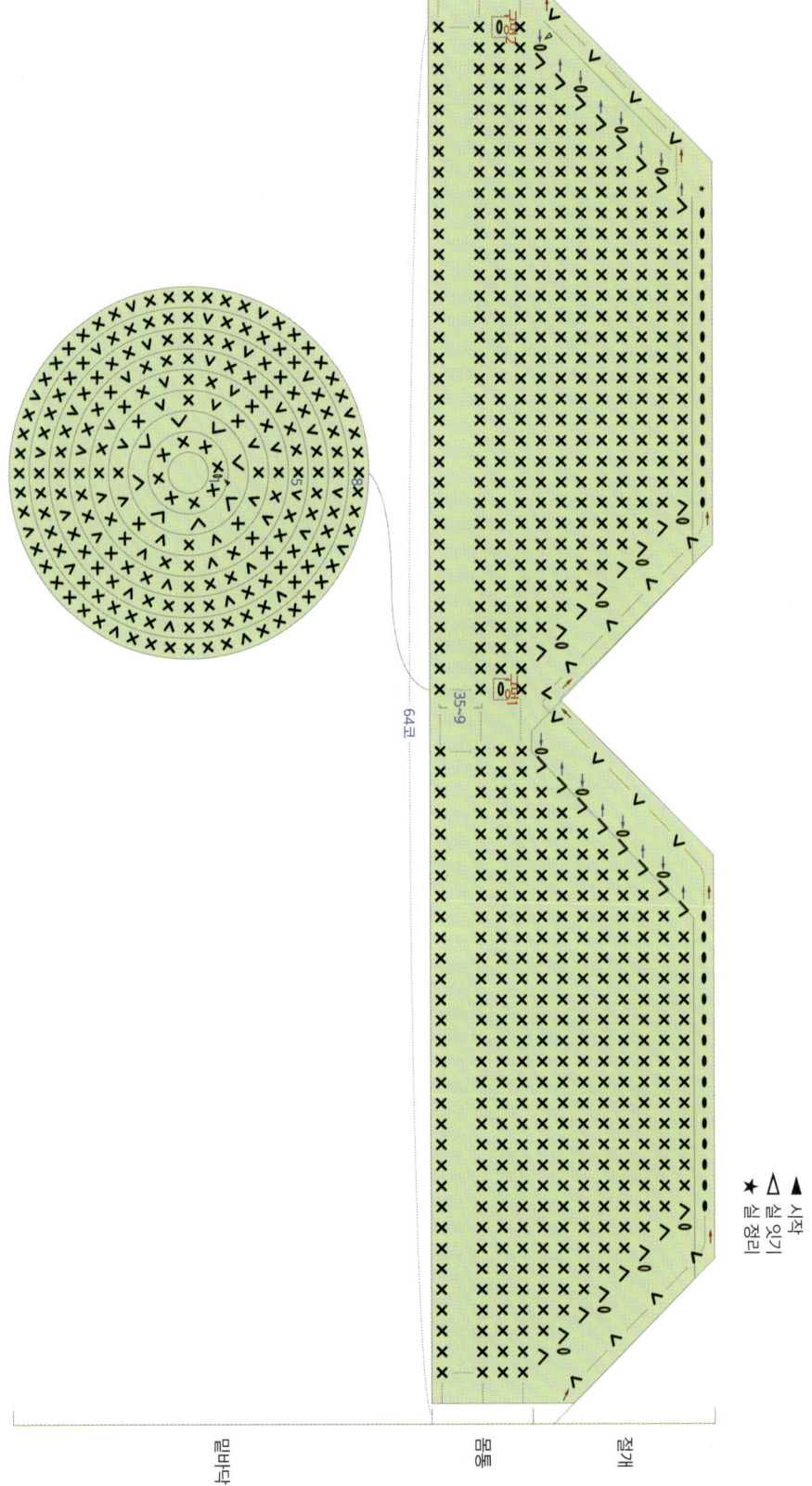

Basket bag

구분	단수	코수	코 증감	실 컬러
뚜껑 1&2	45	15	-2코	
	44	17		
	43	19		
	42	21		
	41	23		
	40	25		
	39	27		
	38	29		
몸통	9~37	64	증감 없음	
밑바닥	8	64	+8코	
	7	56		
	6	48		
	5	40		
	4	32		
	3	24		
	2	16		
	1	8		

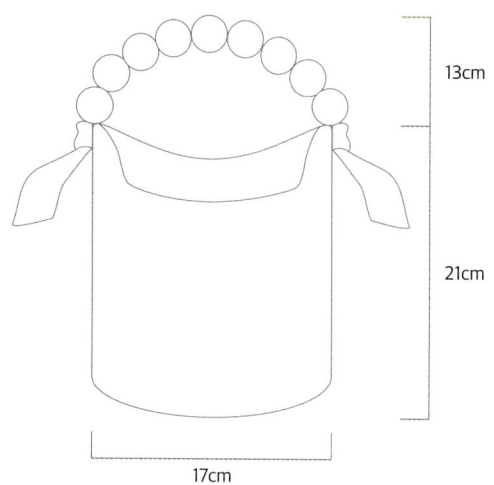

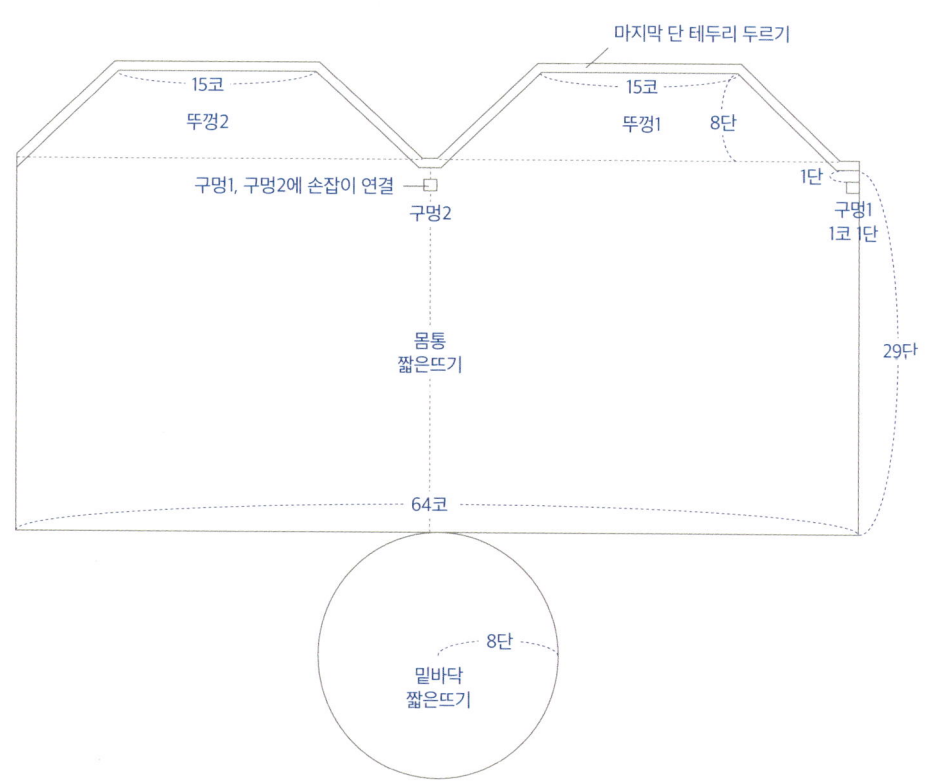

How to

밑바닥 만들기

1. 2가닥의 실을 합쳐 원형뜨기로 8단까지 뜹니다. 단의 시작과 끝에서 기둥코와 빼뜨기를 하지 않고 뜹니다. 8단의 전체 코수는 64코입니다.

🔗 046쪽 이음새 없이 원형뜨기

몸통 만들기

2. 9~35단은 코수 증가 없이 1코에 1번씩 뜹니다.

구멍 만들기

3. 36단에서는 스트랩이 들어갈 2개의 구멍을 만듭니다. 36단 시작 부분에서 사슬뜨기 1코를 뜬 다음 1코 건너뛰고 다음 코에 이어 짧은뜨기를 떠 구멍1을 만듭니다. 반대편에도 동일한 방법으로 구멍2를 만들어 줍니다.

4. 37단에서는 36단에서 구멍을 낸 부분이 나오면 구멍으로 들어가 짧은뜨기 1코를 떠 넣습니다.

뚜껑 만들기

5. 37단까지 뜬 다음 편물을 뒤집어 38단을 떠 줍니다. 38단부터 가방의 뚜껑 부분이 시작됩니다. 38단을 시작하기 위해 사슬뜨기 1코로 기둥코를 세우고 짧은뜨기 2코 모아뜨기를 뜹니다.

6. 짧은뜨기를 27코 뜬 다음 짧은뜨기 2코 모아뜨기를 합니다.

7. 뚜껑1의 1단을 모두 뜬 모습입니다.

8. 같은 방법으로 8단까지 뜹니다. 단을 시작할 때는 사슬뜨기 1코로 기둥코를 세우고 짧은뜨기 2코 모아뜨기를 뜹니다. 단의 마지막 2코도 짧은뜨기 2코 모아뜨기를 해 단마다 2코씩 줄여 줍니다. 8단의 전체 코수는 15코가 되어야 합니다. 실을 잘라 정리합니다.

9. 뚜껑2도 동일한 방법으로 뜹니다. 편물을 뒤집어 뚜껑1의 끝부분에서 1코를 건너뛰고 두 번째 코에 새롭게 실을 이어 사슬뜨기 1코, 짧은뜨기 2코 모아뜨기를 뜹니다.

10. 8단까지 모두 떠 뚜껑2를 완성한 모습입니다.

11. 뚜껑의 테두리를 둘러 뜹니다. 뚜껑의 비스듬한 부분부터 시작합니다. 한 단 아래 기둥코와 짧은뜨기 사이의 구멍으로 바늘을 넣어 짧은뜨기 2코 늘려뜨기를 합니다.

12. 구멍마다 짧은뜨기 2코 늘려뜨기를 뜹니다. 마지막은 뚜껑의 1단으로 바늘을 넣어 뜹니다. 비스듬한 부분에 총 8코를 떴습니다.

13. 뚜껑1, 2 사이 1코도 짧은뜨기를 뜬 다음 뚜껑1의 비스듬한 부분도 같은 방법으로 뜹니다.

14. 뚜껑의 윗면은 빼뜨기로 뜹니다. 남은 부분도 같은 방법으로 테두리를 둘러 주세요.

15. 가방 몸통이 완성되었습니다.

리본 연결하기

16. 리본의 끝부분을 구멍1의 안에서 밖으로 15cm 정도 빼냅니다.

17. 리본의 끝부분이 아래로 향하도록 가방 안쪽 리본과 함께 묶어 줍니다.

18. 나무 구슬을 끼웁니다.

⌒ 원하는 핸들 길이만큼 구슬 숫자를 맞춰 끼워 주세요. 리본과 구슬은 리본의 굵기와 구슬의 구멍 크기를 고려해 골라야 합니다.

완성

19. 맞은편 구멍2의 안에서 밖으로 남은 리본을 빼 묶어 줍니다. 남은 리본은 양쪽 길이를 맞춰서 사선으로 잘라 주세요.

⌒ 묶어 준 매듭을 바늘로 한 땀 꿰매면 매듭이 쉽게 풀리지 않습니다.

20. 미니 바스켓백이 완성되었습니다.

플라워 바스켓백 Flower basket bag

폴리사로 독특한 형태의 바스켓백을 만들어 봅니다. 미니 바스켓백의 뚜껑을 만들 때와 같은 뜨개법을 사용해 가방의 윗부분을 만들어요. 우드 핸들 사이즈에 따라 다양한 분위기의 가방을 완성할 수 있습니다.

LEVEL	◆◆◆◆◇
READY	기법 / 사슬뜨기, 빼뜨기, 짧은뜨기, 짧은뜨기 2코 늘려뜨기, 짧은뜨기 2코 모아뜨기, 타원형뜨기
	실 / 폴리사 (히트스마일) 풀색 2겹 210g(6볼)
	바늘 / 모사용 코바늘 8호(5mm), 돗바늘
	부재료 / D자 우드 핸들(가로 17cm, 세로 9.5cm), 단수링
SIZE	33×36cm(손잡이 포함 높이)
WEIGHT	280g

Pattern

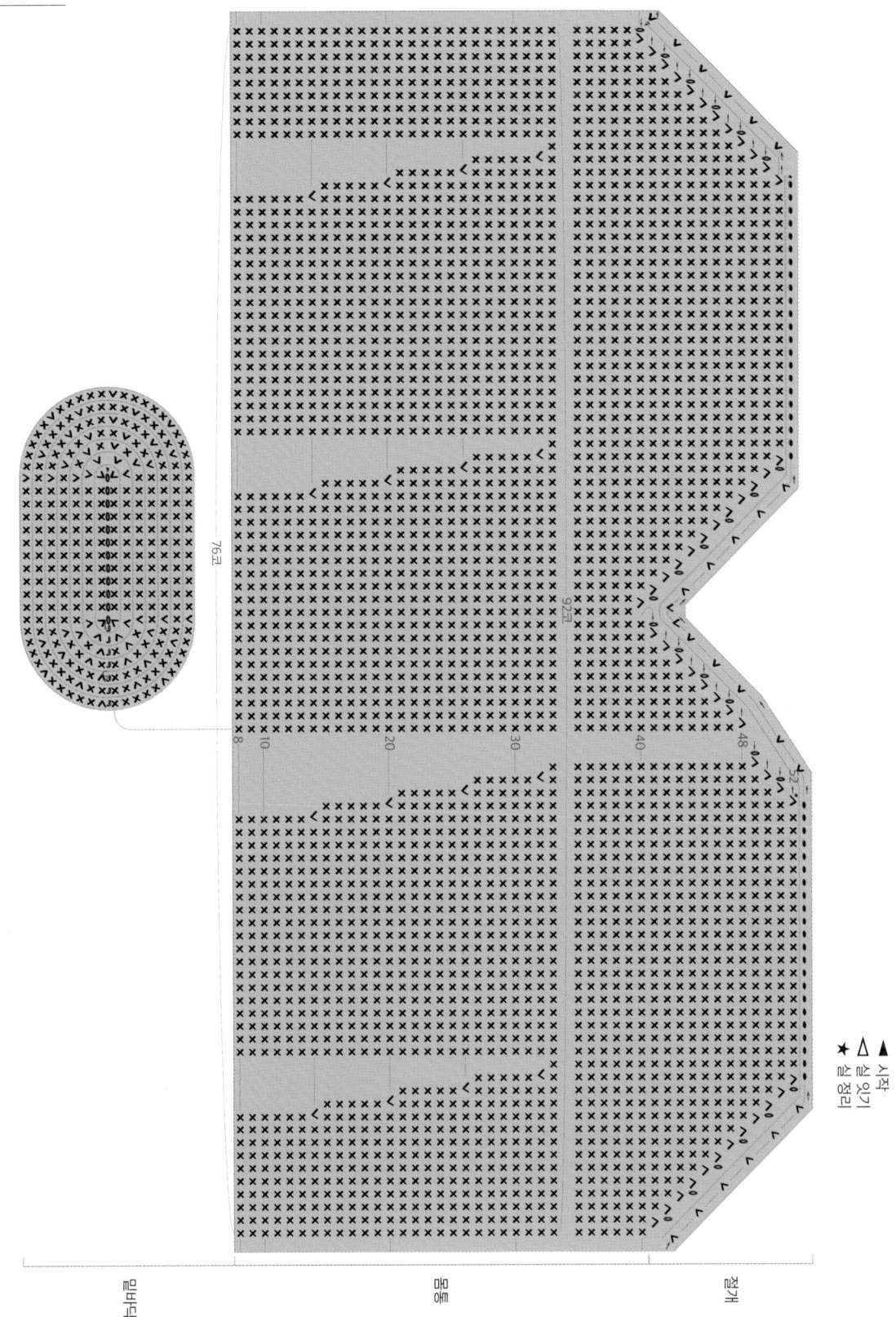

Basket bag

구분	단수	코수	코 증감	실 컬러
몸통	33~39	92	증감 없음	
	32	92	+4코	
	27~31	88	증감 없음	
	26	88	+4코	
	21~25	84	증감 없음	
	20	84	+4코	
	15~19	80	증감 없음	
	14	80	+4코	
	8~13	76	증감 없음	
밑바닥	7	76	+8코	
	6	68		
	5	60		
	4	52		
	3	44		
	2	36		
	1	28		
	시작코	12		

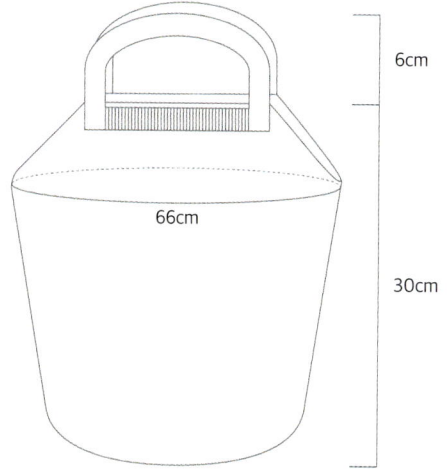

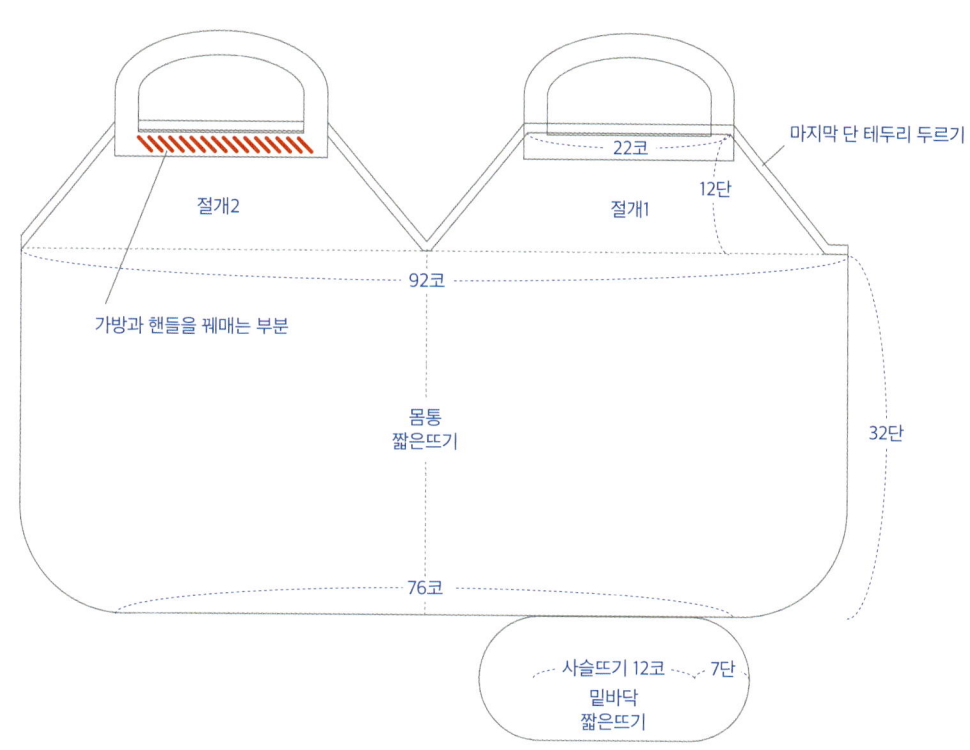

How to

밑바닥 만들기

1. 2가닥의 실을 합쳐 타원형뜨기로 7단까지 뜹니다. 7단의 전체 코수는 76코입니다.

▶ 047쪽 타원형뜨기

몸통 만들기

2. 13단까지 코수 증가 없이 1코에 1번씩 뜹니다. 13단부터는 기둥코와 빼뜨기 없이 빙 둘러 가며 뜹니다.

▶ 단의 첫 번째 코를 단수링으로 표시하면 단의 시작과 끝을 보기 편합니다.

3. 14~39단 중 14, 20, 26, 32단에서만 4코씩 늘려 줍니다. 14단에서는 18코 걸러 짧은뜨기 2코 늘려뜨기를 하고 20단은 19코, 26단은 20코, 32단은 21코 걸러 짧은뜨기 2코 늘려뜨기를 합니다. 32단의 전체 코수는 92코가 나와야 합니다.

가방 절개 만들기

4. 40단에서 9코를 뜬 다음 편물을 뒤집어 41단을 뜹니다. 41단에서부터 가방 윗부분의 절개가 시작됩니다. 41단을 시작하기 위해 사슬뜨기 1코로 기둥코를 세우고 짧은뜨기 2코 모아뜨기를 한 다음 짧은뜨기 42코를 뜹니다. 다시 짧은뜨기 2코 모아뜨기를 1회 해 줍니다.

5. 편물을 돌려 가며 떠 줍니다. 52단까지 처음과 끝부분에서만 짧은뜨기 2코 모아뜨기를 떠 코를 줄입니다. 52단의 전체 코수는 22코가 나와야 합니다. 실을 잘라 마무리해 주세요.

6. 맞은편은 가방 안쪽을 바라보고 새로운 실을 이어 줍니다. 40단 55번째 코에서 실을 이어 바로 짧은뜨기 2코 모아뜨기를 합니다. 맞은편 절개와 같은 방법으로 51단까지 뜹니다.

7. 양쪽 절개 부분까지 모두 뜬 다음 절개 부분 테두리를 둘러 뜹니다. 비스듬한 부분부터 뜰 거예요. 한 단 아래 기둥코와 짧은뜨기 사이의 구멍으로 바늘을 넣어 실을 가져옵니다.

8. 짧은뜨기 2코 늘려뜨기를 뜹니다.

9. 구멍마다 짧은뜨기 2코 늘려뜨기를 합니다. 6개의 구멍에 총 12코를 떠주었습니다.

10. 맞은편의 절개 부분에도 같은 방법으로 짧은뜨기 2코 늘려뜨기를 6회 합니다.

11. 윗면은 빼뜨기로 둘러 줍니다.

12. 맞은편도 같은 방법으로 테두리를 두르고 실을 정리합니다.

우드 핸들 연결하기
완성

13. 가방 몸통이 완성되었습니다.

14. 촘촘하고 고르게 연결하기 위해 실을 1겹만 사용해 돗바늘로 꿰맵니다. 52단의 짧은뜨기와 빼뜨기 사이와 2단 아래 코마다 실을 3~4번 왕복해 이어 주세요. 끝까지 이은 다음 가방 안쪽에서 실을 정리합니다. 반대편 손잡이도 동일하게 연결해 줍니다.

15. 플라워 바스켓백이 완성되었습니다.

Point

스트라이프 스퀘어백 Stripe square bag

폴리사로 라탄 가방과 비슷한 분위기의 가방을 만듭니다. 폴리사는 물에 강하고 가벼워 여름 가방 소재로 안성맞춤이에요. 스트라이프 스퀘어백은 증감 없이 짧은뜨기로 뜬 다음 세 장의 면을 평뜨기로 연결해야 합니다. 각각의 면을 꼼꼼하게 잇는 방법을 배웁니다. 손잡이를 만드는 색다른 방식도 함께 배워 보아요.

LEVEL	◆◆◇◇◇
READY	기법 / 사슬뜨기, 빼뜨기, 짧은뜨기
	실 / 폴리사 (히트스마일) 베이지색 2볼, 폴리사 파란색 1볼, 폴리사 검은색 1볼
	바늘 / 모사용 코바늘 5호(3mm), 돗바늘
	부재료 / 리본 100cm
SIZE	22×28cm(손잡이 포함 높이), 폭 10cm
WEIGHT	130g

Pattern

◀ 시작
◁ 실 잇기
★ 실 정리

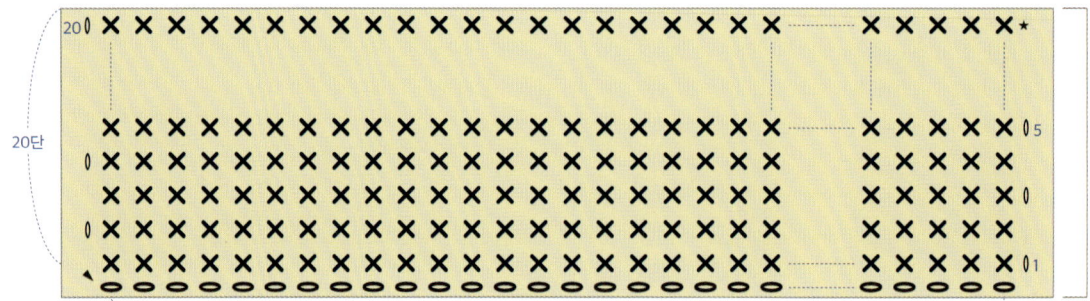

밑면&옆면

126코

42단

앞면&뒷면

42코

Point bag

구분	단수	코수	실 컬러
밑면&옆면	1~20	126	
	시작코		
앞면&뒷면	1~42	42	
	시작코		

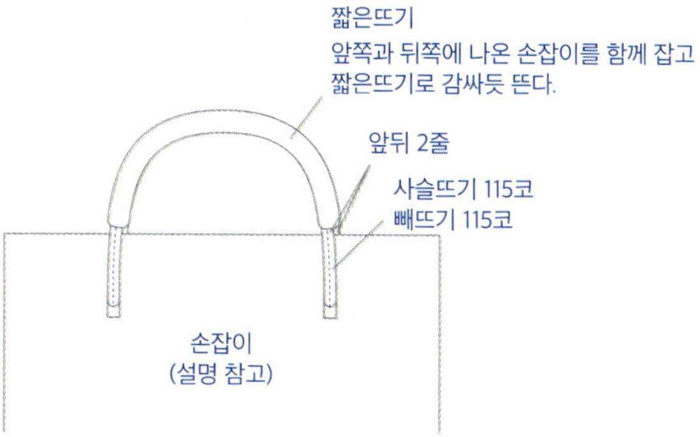

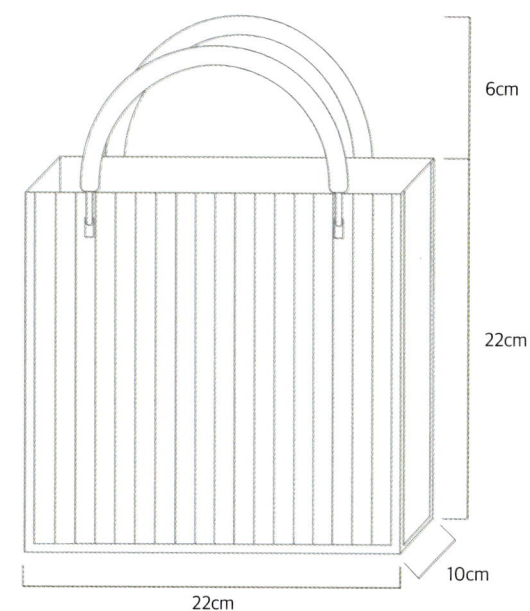

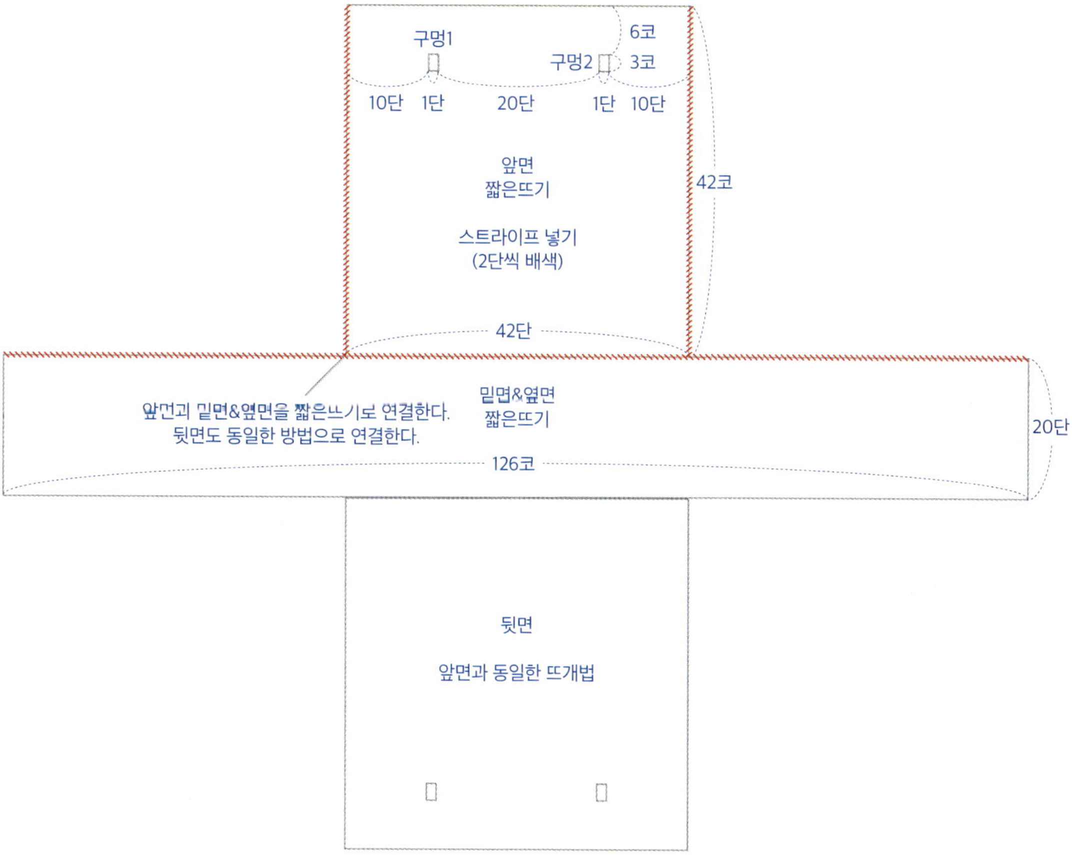

짧은뜨기
앞쪽과 뒤쪽에 나온 손잡이를 함께 잡고 짧은뜨기로 감싸듯 뜬다.

앞뒤 2줄

사슬뜨기 115코
빼뜨기 115코

손잡이
(설명 참고)

6cm

22cm

22cm   10cm

구멍1   구멍2   6코
                  3코

10단 1단 20단 1단 10단

앞면
짧은뜨기

스트라이프 넣기
(2단씩 배색)

42단

42코

앞면과 밑면&옆면을 짧은뜨기로 연결한다.
뒷면도 동일한 방법으로 연결한다.

밑면&옆면
짧은뜨기

126코

20단

뒷면

앞면과 동일한 뜨개법

How to

앞면과 뒷면 만들기

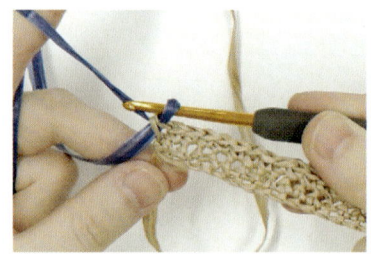

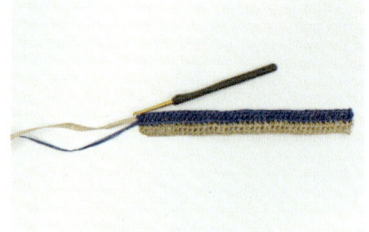

1. 사슬뜨기 42코로 시작코를 만들어 짧은뜨기로 1단을 뜹니다.

↪ 058쪽 플랫 네트백 시작코 만들기 1~7

2. 2단까지 베이지색 실로 뜬 다음 2단의 마지막 코에서 새로운 배색 실(파란색)로 짧은뜨기를 마무리합니다. 이때 기존의 베이지색 실은 뒤쪽에 놓아둡니다.

↪ 127쪽 스트라이프 버킷백 스트라이프 넣기 9~11

3. 3~4단을 파란색 실로 떠 줍니다. 4단의 마지막 코에서 뒤쪽에 놓아두었던 베이지색 실을 가져와 마무리합니다. 다시 파란색 실은 뒤쪽에 놓아둡니다. 2줄씩 색을 바꿔 가며 10단까지 뜹니다.

구멍 만들기

4. 11단에서는 짧은뜨기 33코를 뜬 다음 사슬뜨기 3코를 뜹니다.

5. 3코를 건너뛰고 다음 코에 이어서 짧은뜨기를 끝까지 떠 구멍1을 만듭니다.

6. 12단에서는 11단에서 구멍을 낸 부분이 나오면 구멍 안에 짧은뜨기를 3코 떠 넣습니다.

밑면과 옆면 만들기

앞면과 옆면 연결하기

7. 4~6과 같은 방법으로 32단에서 구멍2를 만들어 앞면을 완성합니다. 앞면과 동일한 방법으로 뒷면도 만들어 주세요.

8. 126코씩 20단을 뜹니다.

9. 앞면의 바깥 부분과 옆면의 바깥 부분이 마주 닿도록 위치를 잡아 줍니다. 앞면에서 실 컬러를 바꾸며 생긴 이음새 부분을 바닥에 둡니다.

10. 2장을 겹치게 잡고 첫 번째 코에 바늘을 넣어 새로운 실(검은색)을 가져와 사슬뜨기 1코를 뜹니다.

11. 다시 같은 자리에 짧은뜨기 1코를 뜹니다.

12. 짧은뜨기 42코를 떠 2장을 이어 줍니다.

13. 앞면의 단과 밑면의 코를 이을 때는 앞면에서 첫 번째 코와 두 번째 코 사이 틈으로 들어가 짧은뜨기를 합니다.

14. 앞면과 옆면을 모두 이은 모습입니다.

15. 뒷면도 동일한 방법으로 이어 줍니다.

손잡이 만들기

16. 사슬뜨기를 115코 뜹니다. 약 55cm 정도 떠 주세요.

⌒ 반대편 손잡이와 사이즈를 맞춰야 하므로 코수를 기억해 둡니다.

17. 사슬뜨기 끝부분을 구멍1의 밖에서 가방 안쪽으로, 구멍2의 안에서 밖으로 빼냅니다. 실타래와 연결된 부분은 구멍1 바깥에 있도록 남겨 둡니다.

18. 사슬뜨기 끝부분을 이어 줍니다. 구멍2에서 나온 사슬뜨기 마지막 코의 코산만 1가닥 주워 빼뜨기를 합니다. 이때 손잡이가 꼬이지 않도록 잘 펴서 연결합니다.

19. 사슬뜨기의 코산마다 빼뜨기를 해 1바퀴 둘러 줍니다.

20. 마지막 빼뜨기를 한 부분이 구멍1에 가까이 위치하도록 잡은 뒤 손잡이 앞쪽과 뒤쪽 2줄을 동시에 잡고 짧은뜨기로 감싸듯이 뜹니다.

21. 손잡이가 빽빽하게 감아질 때까지 짧은뜨기를 떠 주세요. 반대편 손잡이도 동일하게 만듭니다.

완성

22. 스트라이프 스퀘어백이 완성되었습니다. 취향에 따라 리본이나 스카프로 손잡이를 감아 포인트를 주어도 좋습니다.

Point bag

내추럴 서클백 Natural circle bag

종이실 두 겹으로 만드는 독특한 형태의 가방입니다. 종이실과 우드 핸들의 조합으로 내추럴하면서도 소박한 분위기를 풍기는 가방이에요. 지금까지 소개한 가방 중 난이도가 가장 높습니다. 앞면과 뒷면, 옆면 세 장의 편물을 얼마나 같은 힘을 줘 떴는지에 따라 전체적인 모양이 결정되기 때문에 힘을 고르게 주고 뜨는 것이 중요합니다.

LEVEL	◆◆◆◆◆
READY	기법 / 사슬뜨기, 짧은뜨기, 짧은뜨기 2코 늘려뜨기, 돌려 짧은뜨기, 원형뜨기
	실 / 종이실 베이지색 2겹 280g(6볼)
	바늘 / 모사용 코바늘 8호(5mm), 돗바늘
	부재료 / D자 우드 핸들(가로 12cm, 세로 8.5cm), 단수링
SIZE	26×38cm(손잡이 포함 높이), 폭 13cm
WEIGHT	340g

Pattern

▲ 핸들을 감싸며 짧은뜨기를 뜬다.
▲ 핸들과 함께 2번씩 감아 꿰맨다.
15코
103단

▲ 앞면과 뒷면을 돌려 짧은뜨기 91코로 테두리 면과 이어 준다.
남은 29코는 테두리 면 없이 1장만 잡고 돌려 짧은뜨기를 뜬다.
1
5
10
15
▲ 시작
◁ 실 잇기
★ 실 정리

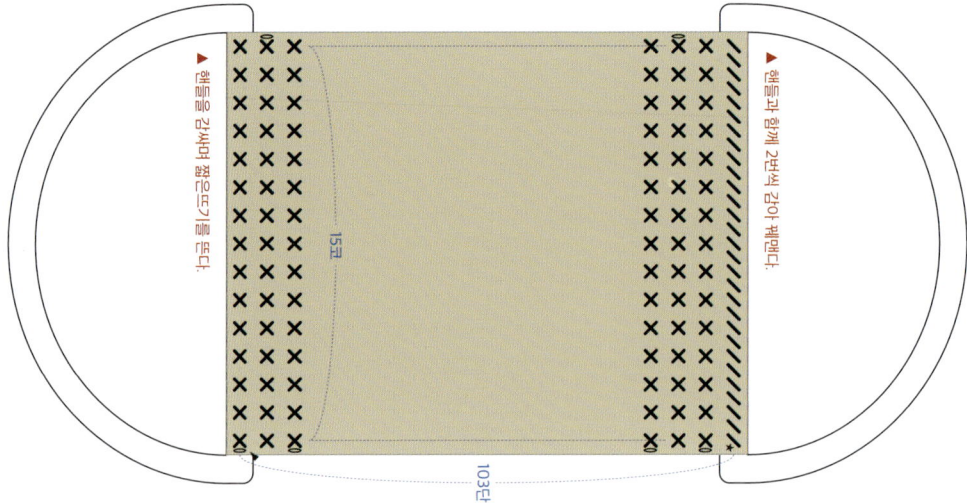

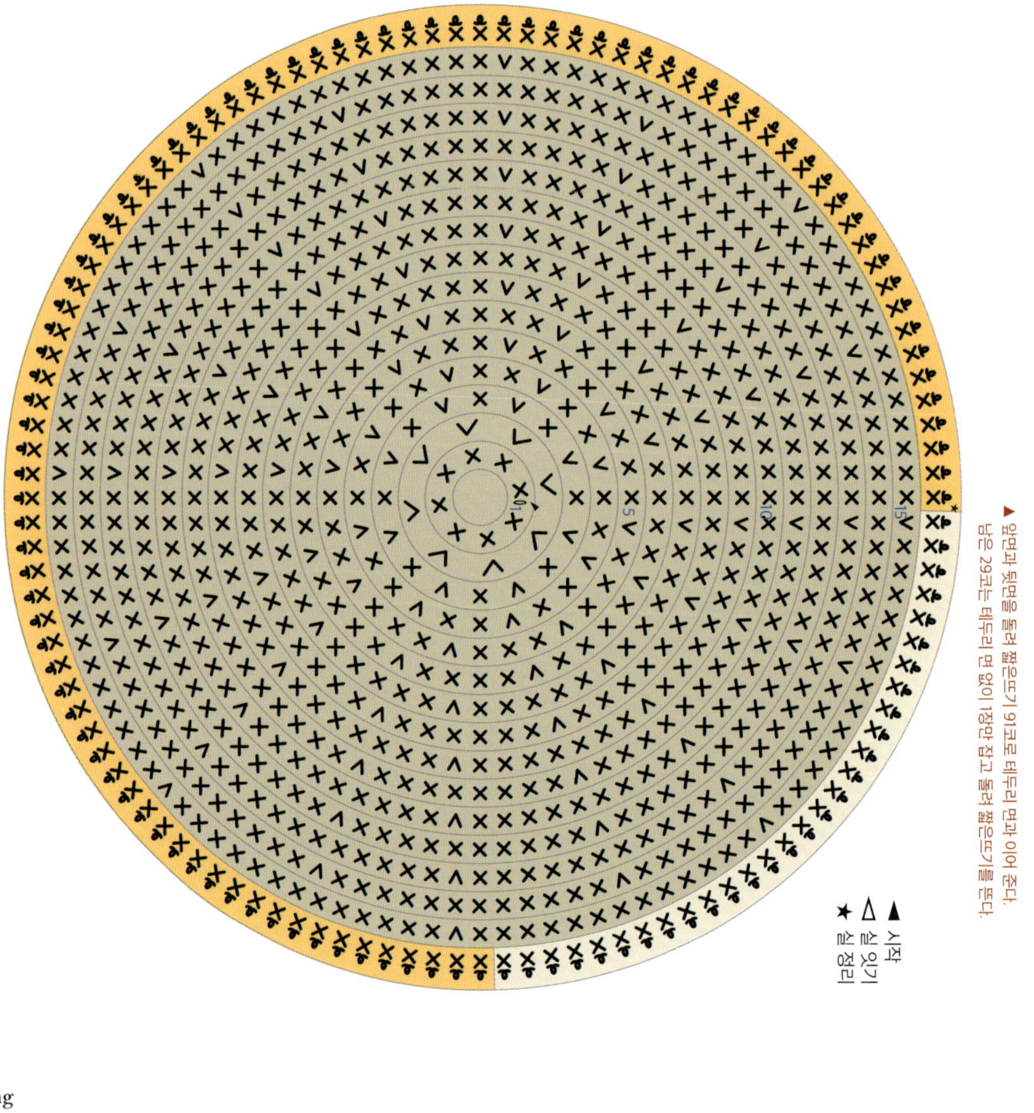

구분	단수	코수	코 증감	실 컬러
테두리 면	1~103	15	증감 없음	
앞면&뒷면	15	120	+8코	
	14	112		
	13	104		
	12	96		
	11	88		
	10	80		
	9	72		
	8	64		
	7	56		
	6	48		
	5	40		
	4	32		
	3	24		
	2	16		
	1	8		

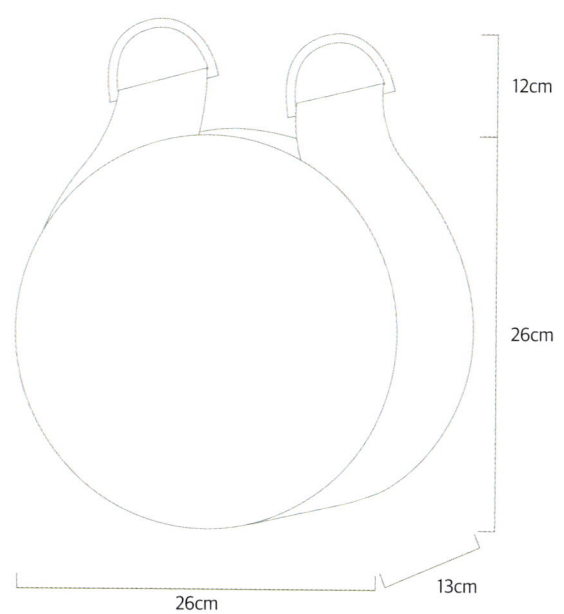

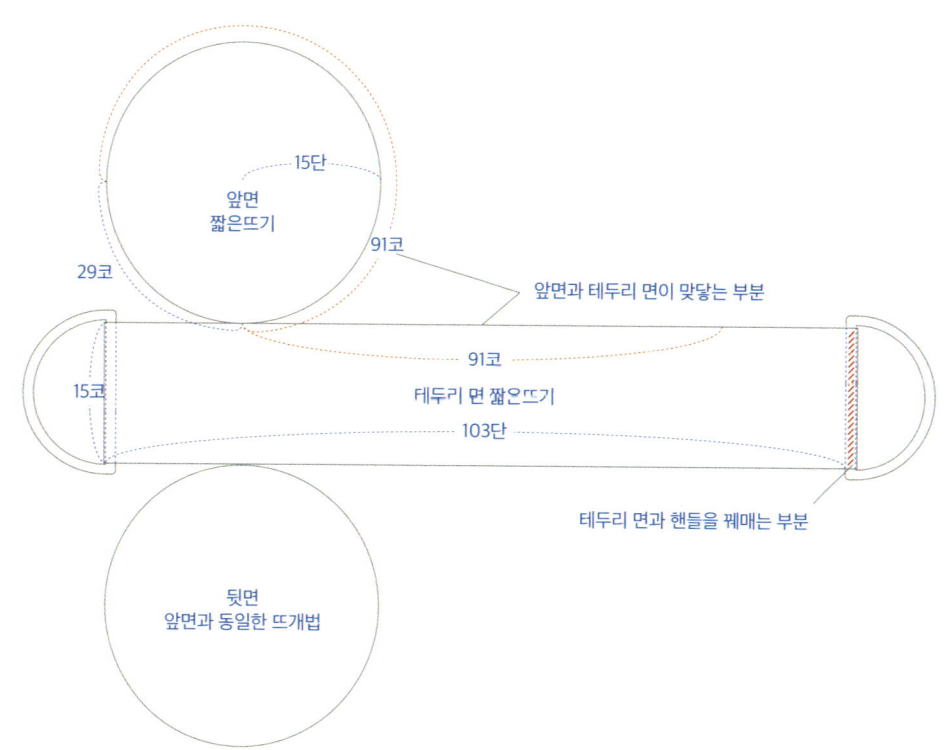

How to

앞면과 뒷면 만들기

1. 2가닥의 실을 합쳐 원형뜨기로 15단까지 뜹니다. 단의 시작과 끝에서 기둥코와 빼뜨기를 하지 않고 뜹니다. 15단의 전체 코수는 120코입니다. 같은 방법으로 총 2장을 만들어 주세요. 2장 모두 실을 끊지 않고 그대로 둡니다.

　046쪽 이음새 없이 원형뜨기

테두리 면 만들기

2. 원형 가방의 옆면과 밑면이 될 테두리 면을 만듭니다. D자 우드 핸들에 새롭게 2가닥의 실을 합쳐 뜹니다. 핸들 구멍 안으로 바늘을 넣어 핸들 뒤쪽에서 실을 가져옵니다. 이때 실이 흔들리지 않도록 검지에 실의 끝을 함께 걸어 줍니다.

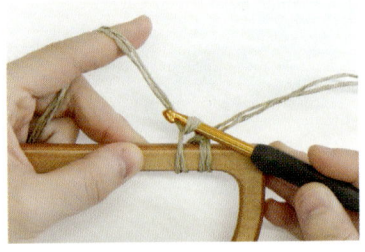

3. 사슬뜨기 1코를 뜹니다. 실의 끝부분을 사슬뜨기 1코와 함께 쭉 빼 고정합니다.

4. 핸들을 감싸듯이 짧은뜨기 15코를 뜹니다.

5. 핸들을 뒤집어 사슬뜨기 1코로 2단의 기둥을 세우고 짧은뜨기 15코를 뜹니다. 같은 방법으로 핸들을 뒤집어 가며 103단까지 뜹니다.

6. 60cm 정도 실을 남겨 두고 잘라 바늘에 걸린 고리를 실 끝까지 쭉 빼냅니다. 실을 돗바늘에 끼워 줍니다.

7. 핸들과 함께 감아 가며 1코에 2번씩 꿰맵니다.

8. D자 우드 핸들을 모두 이은 모습입니다.

앞면과 테두리 면 연결하기

9. 앞면의 코와 테두리 면의 단을 돌려 짧은뜨기로 이어 줍니다. 우선 앞면의 첫 번째 코와 테두리 면 98단의 첫 번째 코와 두 번째 코 사이의 틈으로 바늘을 넣어 줍니다.

10. 실을 가져옵니다. 이때 실을 조금 여유 있게 가져오세요.

11. 바늘을 시계 반대 방향으로 1바퀴 돌려 줍니다.

12. 실을 한 번 감아 전부 빼냅니다. 돌려 짧은뜨기가 완성되었습니다.

13. 돌려 짧은뜨기를 91코 더 떠 앞면과 테두리 면을 연결합니다.

14. 가방의 입구 부분은 앞면만 이어서 돌려 짧은뜨기를 29코 뜹니다. 뒷면도 같은 방법으로 테두리 면과 연결합니다.

완성

15. 내추럴 서클백이 완성되었습니다.

Together with knit bag

태슬 Tassel

36합 면사와 나무 구슬로 만드는 태슬입니다. 면사로 만들기 때문에 울사로 만드는 따뜻한 느낌의 태슬과 달리 여름 분위기가 물씬 풍깁니다. 다양한 모양의 나무 구슬과 조합해 재미있게 만들 수 있어요. 밋밋한 나무 구슬이 심심하다면 원하는 색의 아크릴 물감으로 패턴을 넣어 보세요. 나무 구슬을 고를 때는 나무 구슬의 구멍 크기를 잘 살펴보아야 합니다.

READY
실 / 면사 초록색 36합, 면사 분홍색 36합
바늘 / 모사용 코바늘
부재료 / 나무 구슬, 실 감을 판(가로 8cm, 세로 13cm), 가위, 목공용 풀

How to

1. 13cm 판에 초록색 실을 30번 감아 줍니다. 실이 여러 번 겹치지 않도록 판을 넓게 사용합니다.

2. 스트랩을 만들 거예요. 같은 실을 50cm 정도 잘라 끝부분을 함께 묶어 줍니다.

3. 감은 실과 판 사이에 바늘을 넣어 스트랩을 오른쪽으로 끌고 옵니다. 스트랩의 매듭 부분은 왼쪽에 둡니다.

4. 오른쪽으로 끌고 온 스트랩을 매듭 사이로 통과시킵니다. 판 위에 감은 실을 1바퀴 감은 모습이 됩니다.

5. 판을 빼고 스트랩의 매듭 부분이 감은 실의 위쪽을 세게 감싸도록 당겨 줍니다.

6. 위쪽의 매듭이 안쪽으로 가도록 태슬을 뒤집어 줍니다. 매듭 맞은편(안쪽)의 스트랩 2줄 사이로 바늘을 넣어 스트랩을 끌고 옵니다. 이때 매듭 부분 바깥쪽에서 스트랩을 가져옵니다.

7. 태슬을 뒤집어 줍니다. 매듭 부분은 안쪽으로 숨겼기 때문에 보이지 않습니다.

8. 태슬을 묶을 포인트 컬러 실을 준비합니다. 분홍색 실의 한쪽 끝부분을 위쪽으로 향하게 하고 아래에서 위로 차곡차곡 5번 감아 줍니다. 태슬을 고정하는 과정이므로 세게 당겨 감아 줍니다.

Together with knit bag

9. 위쪽에 남겨 둔 실과 함께 세게 묶어 줍니다.

10. 묶은 실은 안쪽으로 숨긴 뒤 목공용 풀로 고정합니다.

11. 태슬의 끝부분을 가위로 다듬어 주세요.

완성

12. 스트랩에 나무 구슬을 끼웁니다. 원하는 만큼 구슬을 끼운 다음 나무 구슬이 빠지지 않도록 스트랩을 묶어 매듭을 지어 줍니다.

13. 태슬이 완성되었습니다.

폼폼 Pompom

한 가지 색 폼폼이 심심하다면 유니크하게 무늬를 넣은 폼폼을 만들어 볼까요? 메인 컬러와 약간의 포인트 컬러를 사용해 쉽게 무늬를 넣을 수 있어요. 다양한 색으로 나만의 폼폼을 만들어 보세요.

READY 실 / 울사 살구색, 울사 주황색, 울사 하늘색
바늘 / 모사용 코바늘
부재료 / 나무 구슬, 폼폼 메이커, 가위, 목공용 풀

How to

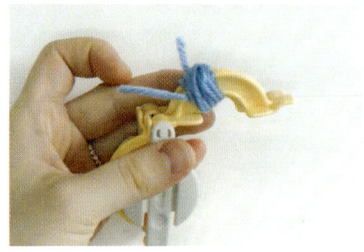

1. 폼폼 메이커의 윗부분을 열어 포인트 컬러가 되는 실을 한쪽 부분에만 살짝 감아 줍니다. 이 책에서는 하늘색 실로 포인트를 주었습니다.

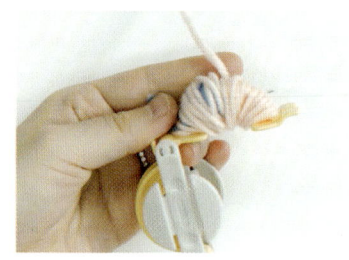

2. 베이스 컬러 실을 전체적으로 감아 주세요. 이 책에서는 살구색을 사용했어요.

3. 폼폼 메이커 한쪽에 두 번째 포인트 컬러 실을 감아 줍니다. 이 책에서는 주황색으로 포인트를 주었습니다.

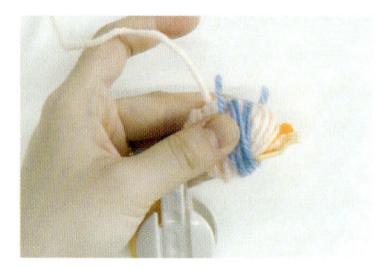

4. 그 위를 다시 베이스 컬러 실로 감아 줍니다. 전체적으로 덮어 주듯 감아 주세요. 한 번 더 포인트 컬러 실로 폼폼 메이커의 한쪽 부분만 감아 줍니다.

5. 마지막으로 베이스 컬러 실로 모두 덮어 줍니다.

6. 폼폼 메이커의 윗부분이 빡빡하게 닫힐 정도로 실을 충분히 감습니다. 실을 충분히 감아야 폼폼이 풍성해져요.

7. 반대편도 베이스 컬러와 포인트 컬러 실을 적절하게 사용해 감아 주세요.

8. 폼폼 메이커의 2개 날개 사이에 가위를 넣어 실을 자릅니다. 윗부분과 아랫부분 모두 잘라 줍니다. 이때 윗부분과 아랫부분의 날개가 열리지 않도록 왼손으로 잘 잡은 다음 잘라 주세요.

9. 스트랩이 될 실을 50cm 정도로 잘라 폼폼 메이커의 중간을 묶어 줍니다. 2개 날개 사이에 실을 넣어 세게 2번 묶어 주세요.

10. 폼폼 메이커를 분리하기 전에 1차로 다듬어 줍니다.

11. 폼폼 메이커를 분리합니다.

  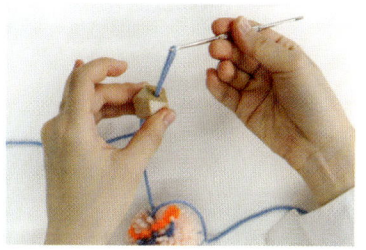

12. 목공용 풀을 폼폼 중심부에 바릅니다.

폼폼을 작고 풍성하게 만들면 완성 후 폼폼이 종종 터지기도 합니다. 폼폼 안쪽 중심부에 목공용 풀을 발라 터지지 않도록 고정해 주세요.

13. 가위로 폼폼을 최대한 동그란 모양으로 다듬어 줍니다.

14. 바늘로 나무 구슬을 끼워 주세요. 스트랩 2줄 중 1가닥만 가져옵니다. 1가닥을 전부 꺼내지 않고 실 끝을 아랫부분에 남겨 두고 원하는 스트랩 길이만큼 꺼냅니다.

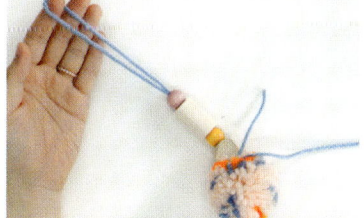

완성

15. 원하는 길이만큼 스트랩을 빼냈으면 윗부분 구슬이 빠지지 않도록 2번 정도 매듭을 지어 주세요. 스트랩 양쪽 끝을 바짝 묶어 아랫부분이 보이지 않도록 숨깁니다.

16. 폼폼이 완성되었습니다.

레터링 메달 Lettering medal

다양한 컬러 조합으로 힐링이 되는 작업이에요. 귀여운 작업물인 만큼 상큼한 포인트 컬러나 보색을 사용해 보세요. 메달 안에 칭찬과 격려의 문구를 담아 소중한 사람에게 선물할 수도 있습니다. 자로 잰 듯 똑바르게 레터링할 필요는 없어요. 삐뚤빼뚤 넣은 문구도 충분히 사랑스럽답니다.

READY   실 / 면사 아이보리색, 면사 노란색, 면사 보라색, 면사 민트색, 면사 주황색, 면사 에메랄드색
바늘 / 모사용 코바늘 5호(3mm), 돗바늘
부재료 / 원형 브로치 핀, 글루 건

Pattern

◀ 시작
◁ 실 잇기
★ 실 정리

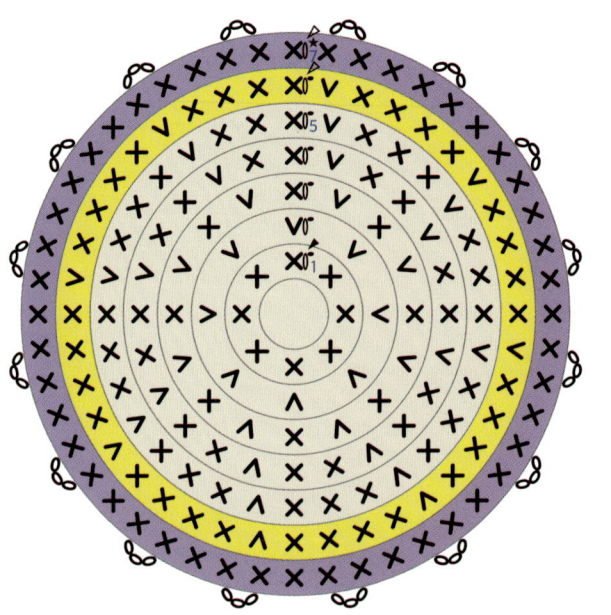

▲ 리본은 사선으로 반을 접어 메달 뒤쪽에 시침질로 한 땀 고정한다. 만들어 둔 뒷면을 덮어 꿰맨다.

Together with knit bag

How to

앞면 만들기

1. 8각뜨기로 5단까지 뜹니다. 마지막 코는 노란색 배색 실로 마무리합니다. 5단의 전체 코수는 40코가 되어야 합니다.

↪ 043쪽 8각 뜨기

2. 6단은 노란색으로 뜨고 마지막 코는 보라색 배색 실로 마무리합니다.

↪ 127쪽 스트라이프 버킷백 스트라이프 넣기 9~11

3. 7단에서는 짧은뜨기 2코를 뜬 다음 사슬뜨기 3코를 떠 주세요.

4. 건너뛰는 코 없이 바로 앞 코에 짧은뜨기를 연달아 3코 뜹니다.

5. 다시 사슬뜨기 3코를 떠 줍니다.

리본 만들기

6. 4~5를 반복해 7단을 뜹니다. 마지막 남은 1코에도 짧은뜨기 1코를 뜨고 실을 잘라 마무리합니다. 앞면이 완성되었습니다.

7. 사슬뜨기로 시작코 40코를 만들어 1단을 뜹니다.

8. 2단은 첫 번째 코와 마지막 코에서 짧은뜨기 2코 늘려뜨기를 떠 줍니다. 마지막 코는 주황색 배색 실로 마무리합니다. 총 42코가 되어야 합니다.

 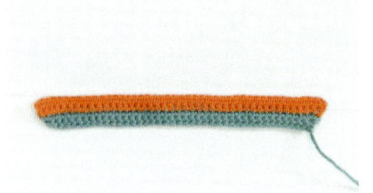 

9. 3단은 코수 늘림 없이 뜹니다.

10. 4단은 첫 번째 코와 마지막 코에서 짧은뜨기 2코 늘려뜨기를 떠 줍니다. 총 44코가 되어야 합니다. 실을 잘라 마무리합니다.

11. 편물의 위아래를 뒤집어 사슬뜨기 시작코의 반코와 코산을 함께 주워 뜹니다. 첫 번째 코와 마지막 코에서 짧은뜨기 2코 늘려뜨기를 떠 42코를 만들어 줍니다. 마지막 코는 주황색 배색 실로 마무리합니다.

레터링 넣기

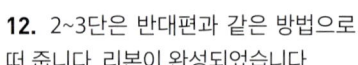

12. 2~3단은 반대편과 같은 방법으로 떠 줍니다. 리본이 완성되었습니다.

13. 돗바늘을 사용해 앞면에 원하는 문구를 자유롭게 넣어 줍니다.

14. 똑바로 넣지 않아도 괜찮아요. 삐뚤빼뚤해도 귀엽답니다.

15. 앞면과 뒷면, 리본, 원형 브로치 핀, 돗바늘 등을 준비합니다. 뒷면은 앞면과 동일하게 8각으로 5단까지 뜬 다음 실을 50cm 정도 남겨 길게 잘라 줍니다.

16. 리본을 반으로 접어 메달 뒷면에 시침질로 한 땀 고정해 줍니다.

17. 뒷면을 덮어 꿰맵니다. 원형 브로치 핀은 글루 건으로 고정합니다.

완성

18. 레터링 메달이 완성되었습니다.

레터링 백 Lettering bag

뜨개 가방 위에 나만의 레터링을 넣어 보세요. 단색의 심심한 가방도 어느새 유니크한 뜨개 가방이 됩니다. 또박또박 넣지 않아도 괜찮아요. 삐뚤빼뚤한 레터링도 얼마든지 귀엽답니다. 글자뿐만 아니라 라인이나 도형을 넣을 수도 있어요. 다양하게 응용 가능한 레터링 방법을 알려 드릴게요.

READY 실 / 면사 남색 36합, 면사 초록색 36합, 면사 분홍색 36합, 면사 주황색 36합
바늘 / 모사용 코바늘 7호(4mm)
부재료 / 면사 24합으로 뜬 가방

TIP 가방 사이즈와 가방을 만들 때 사용한 실의 굵기에 맞춰 글자 수를 정해야 합니다. 이 책에서는 '마린 바스켓백'과 비슷한 사이즈의 가방 위에 레터링을 넣었어요. 5~7개의 글자를 넣는 것이 보기 좋습니다. 레터링을 넣을 때는 가방을 뜬 실보다 조금 더 굵은 실로 넣어야 잘 보입니다.

How to

1. 완성한 가방에 'FANFARE' 7개의 글자를 레터링으로 넣을 거예요. 가운데 글자 'F'부터 시작합니다. 'F'의 가장 윗부분 획 오른쪽 끝이 될 위치에 바늘을 넣어 주세요. 바늘을 넣을 때는 코를 뜬 자리에 넣어 줍니다. 왼손으로 실 끝을 7cm 정도 남기고 접어 고리를 만듭니다.

글자 아랫부분에 실 끝을 길게 내려 두는 것이 레터링의 포인트입니다. 글자의 가장 아랫부분이 레터링의 마지막 단계가 되도록 계획하고 작업을 시작해야 예쁜 글자를 만들 수 있습니다.

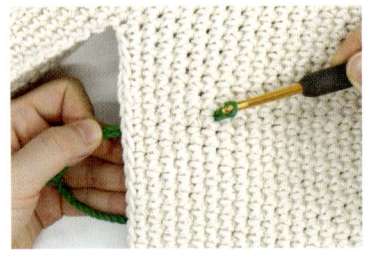

2. 왼손으로 만든 고리를 가방 안쪽에 넣은 다음 가방 안쪽에서 바늘에 걸어 주세요. 사슬뜨기 1코 정도 길이로 빼냅니다.

3. 다음 코에 바늘을 넣어 같은 방법으로 안쪽에서 실을 빼냅니다.

4. 빼낸 실을 바늘에 걸린 1가닥 실 사이로 통과시킵니다. 빼뜨기 모양이 완성되었습니다.

5. 3~4를 반복해 빼뜨기를 뜨며 'F'를 만듭니다. 글자 아랫부분에서는 10cm 정도 남기고 실을 잘라 바늘에 걸린 고리를 쭉 빼냅니다.

뜨개 가방의 코를 뜬 자리마다 들어가서 실을 가져오며 레터링을 넣는 원리입니다. 세로로 레터링을 넣을 때는 곧은 직선으로 완성되지 않을 수도 있습니다.

6. 실을 전부 빼낸 모습입니다.

7. 가운데 글자 'F'를 먼저 완성한 다음 양 끝의 글자 'F'와 'E'를 넣어 줍니다. 이와 같은 순서로 레터링을 넣으면 간격을 맞추기가 수월합니다. 'F'의 두 번째 가로 획을 넣을 때는 실 끝을 가방 안쪽에서 보이지 않게 정리해 주세요.

실 정리

8. 마지막 빼뜨기 코의 실 아랫부분에 바늘을 넣어 줍니다.

9. 실 끝을 가져옵니다. 이때 왼손으로 약간의 공간을 만든 다음 그 사이에 실 끝을 넣고 당겨 마무리합니다.

완성

10. 레터링 백이 완성되었습니다. 글자 아랫부분의 실을 원하는 길이로 잘라 다듬어 줍니다.

 레터링 백을 사용하다 보면 자연스럽게 실 끝이 풀리며 또 다른 포인트가 됩니다. 깔끔한 느낌을 좋아한다면 실 끝을 가방 안쪽에서 정리하면 됩니다.